elefante

conselho editorial
Bianca Oliveira
João Peres
Tadeu Breda

edição
Tadeu Breda

assistência de edição
Fabiana Medina

revisão da tradução
Bhuvi Libanio

preparação
Mariana Zanini

revisão
Natália Mori Marques
Laila Guilherme

projeto gráfico
Leticia Quintilhano

capa e direção de arte
Bianca Oliveira

assistência de arte
Camila Yoshida

diagramação
Denise Matsumoto

tradução
Kenia Cardoso

bell hooks

ensinando comunidade
uma pedagogia da esperança

É imperioso mantermos a esperança mesmo quando a dureza ou aspereza da realidade sugiram o contrário.

— Paulo Freire, *À sombra desta mangueira*

prefácio à edição brasileira
reaprendendo a esperançar
Ednéia Gonçalves, 8

prefácio
ensinar e viver com esperança, 18

ensinamento 1
o desejo de aprender:
o mundo como sala de aula, 30

ensinamento 2
um tempo de licença:
salas de aula sem fronteiras, 48

ensinamento 3
conversa sobre raça e racismo, 64

ensinamento 4
educação democrática, 86

ensinamento 5
o que acontece quando pessoas
brancas se transformam, 100

ensinamento 6
padrões, 120

ensinamento 7
como podemos servir, 140

ensinamento 8
superando a vergonha, 154

ensinamento 9
guardiões da esperança:
o ensino em comunidades, 170

ensinamento 10
aprendizado progressista:
um valor de família, 186

ensinamento 11
um diálogo sincero: ensinar com amor, 200

ensinamento 12
o sexo bom: pedagogia apaixonada, 214

ensinamento 13
espiritualidade na educação, 236

ensinamento 14
assim é a nossa vida: ensino sobre a morte, 246

ensinamento 15
questões espirituais em sala de aula, 260

ensinamento 16
sabedoria prática, 274

sobre a autora, 292

prefácio à
edição brasileira

Reaprendendo a esperançar
Ednéia Gonçalves

> Começar por sempre pensar no amor como uma ação, em vez de um sentimento, é uma forma de fazer com que qualquer um que use a palavra dessa maneira automaticamente assuma responsabilidade e comprometimento.
>
> — bell hooks[1]

A obra de bell hooks ocupa especialíssimo espaço na formação ativista de muitas brasileiras, sobretudo as pretas, que, como eu, afetuosamente acessaram seus textos a partir das traduções e da circulação entre pares, décadas antes de sua aguardada publicação no país.

Suas reflexões e seus estudos sobre raça, gênero e educação sacudiram ambientes acadêmicos e de militância negra

---

1. HOOKS, bell. *Tudo sobre o amor: novas perspectivas*. Trad. Stephanie Borges. São Paulo: Elefante, 2020, p. 55.

e feminista, incitando diálogos potentes com o pensamento de intelectuais ativistas como Lélia Gonzalez, Sueli Carneiro, Luiza Bairros e Beatriz Nascimento, entre tantas outras que, em suas trajetórias, confrontaram a especificidade das experiências de racismo e sexismo vivenciadas pelas mulheres negras brasileiras com o alcance do ideal de justiça social tão central na face pública dos movimentos feminista e negro.

Em *Ensinando comunidade: uma pedagogia da esperança*, bell hooks narra seu processo de formação acadêmica e identifica como epicentro de sua brilhante carreira a vivência como estudante de escola segregada onde professoras e professores alicerçaram o processo de ensino no fortalecimento da autoestima e na crença absoluta na capacidade de estudantes negros e negras construírem trajetórias acadêmicas com a excelência necessária para sustentá-los no confronto com o poder e com os efeitos do pensamento supremacista branco que enfrentariam ao longo de suas carreiras.

Diante disso, a transformação da sala de aula em ambiente de afirmação da autoestima de jovens e crianças negras é central em sua experiência como educadora do ensino básico e superior e no desenvolvimento dos pilares de sua pedagogia engajada.

O exercício de transposição desse ponto de partida defendido por bell hooks para a realidade do Brasil encontra desafios similares e outros bastante específicos das relações raciais por aqui: de similar, destaco a necessária atenção à autoestima, à saúde mental e emocional de estudantes e profissionais da educação, em especial negras e negros, cotidianamente submetidos à descrença de suas capacidades e ao descrédito em relação a seus conhecimentos e sua cultura ancestral. De específico, aponto a disseminação do mito da democracia racial que atua direta e fortemente no silenciamento dos efeitos do racismo institucional no estabelecimento de processos educativos qualificados em todos os níveis e para a totalidade dos estudantes.

Para nós, o reconhecimento das desigualdades raciais implica, sobretudo, a necessidade de ampliação de ações afirmativas que explicitem o comprometimento dos sistemas de ensino com a aprendizagem e o sucesso escolar e acadêmico de todos os estudantes. Esse processo de ampliação das políticas de Estado em prol das reparações históricas conta com um ator imprescindível, o Movimento Negro brasileiro.

É Nilma Lino Gomes quem define o Movimento Negro como "importante ator político, que constrói, sistematiza, articula saberes emancipatórios produzidos pela população negra ao longo da história social, política, cultural e educacional brasileira em prol da superação do racismo".[2]

Apropriar-se da interpretação histórica das relações raciais desenvolvida pelo Movimento Negro brasileiro é essencial para a construção de uma proposta político-pedagógica comprometida com o direito de alunos e alunas vivenciarem trajetórias escolares ou acadêmicas de excelência.

Esse fundamento indica a educadores, educadoras e sistemas de ensino a urgência da disseminação de uma narrativa crítica da história do país que situe, na resistência negra e indígena às opressões, a concretização do ideal de nação cidadã e equitativa.

---

2. GOMES, Nilma Lino. *O movimento negro educador: saberes construídos nas lutas por emancipação*. Petrópolis: Vozes, 2017, p. 24.

Em obras anteriores,[3] bell hooks orienta a construção de um ambiente educacional onde estudantes e professores, por meio da alegria, do amor, da cumplicidade e da autorrealização, articulam conhecimentos de diferentes procedências e, nesse processo, constroem aprendizagens significativas e transformadoras com repercussões ao longo de toda a vida.

Essa defesa do ambiente escolar como espaço de inovação, descolonização de mentes e zelo pela integridade emocional de estudantes e professores se aprofunda nos dezesseis ensinamentos presentes em *Ensinando comunidade: uma pedagogia da esperança*, no qual bell hooks confronta duas visões de qualidade nas relações estabelecidas na sala de aula.

Por um lado, a autora apresenta a perspectiva que situa positivamente a representação das regras de dominação características do pensamento *supremacista branco, capitalista e patriarcal*. Essa sala de aula que se apresenta como um "microcosmo da cultura do dominador" concede ao professor ou à professora o poder autocrático de decisão quanto à relevância ou à insignificância de experiências de um conhecimento ou outro.

Diametralmente oposta a essa proposição, bell hooks situa e defende a educação como prática da liberdade e a sala de aula como ambiente de intensos questionamentos direcionados à formação do pensamento crítico e ao enfrentamento direto da naturalização da subordinação e da humilhação em relações baseadas na manutenção do poder. Essa sala de aula que se

---

3. *Ensinando a transgredir: a educação como prática da liberdade.* 2ª ed. Trad. Marcelo Brandão Cipolla. São Paulo: WMF Martins Fontes, 2017; e *Ensinando pensamento crítico: sabedoria prática.* Trad. Bhuvi Libanio. São Paulo: Elefante, 2020.

configura em espaço de pertença, cuidado mútuo e valorização das diferenças também possibilita a conexão da educação com um território que extrapola a formação acadêmica, para encontrar na humanização e no amor a "pedagogia da esperança" de Paulo Freire e nela assentar os fundamentos das comunidades educativas e de resistência: "A luta pela esperança significa a denúncia franca, sem meias-palavras, dos desmandos, das falcatruas, das omissões. Denunciando-os, despertamos nos outros e em nós a necessidade, mas o gosto também, da esperança".[4]

Esperançar, para bell e Freire, é condição para o estabelecimento de comunidades educativas dispostas a reagir à violência das opressões vigentes em ambientes estruturalmente hostis à liberdade de expressão e a questionamentos das relações verticalizadas que as sustentam. É justamente nesse ponto que os ensinamentos encontram o desejo de ser feliz em sala de aula vivenciando a troca e o afeto mútuo: bell hooks não romantiza sua trajetória de professora progressista e intelectual negra; muito pelo contrário, apresenta os desafios contidos na experiência de desenvolver uma prática de ensino fundada no diálogo crítico, no antirracismo e feminismo, concebida em ambientes historicamente favorecidos pelos sistemas de opressão que ela denuncia e combate de maneira sistemática.

No oitavo ensinamento deste livro, "Superando a vergonha", bell hooks alerta para os sentimentos e as percepções potencialmente destrutivas da continuidade do sucesso acadêmico de estudantes que apresentavam qualidades evidentes em suas

---

4. FREIRE, Paulo. *À sombra desta mangueira*. 11ª ed. Rio de Janeiro: Paz & Terra, 2015, p. 215.

comunidades no ensino médio, mas que se viram invisibilizados ou humilhados no ensino superior:

> Tomamos conhecimento de estudantes negros que apresentam desempenho aquém de suas habilidades. Ouvimos dizer que eles são indiferentes, preguiçosos, vítimas que querem usar o sistema para ganhar algo sem precisar dar nada em troca. Mas não tomamos conhecimento das políticas de vergonha e de humilhação. (p. 157)

Nos ensinamentos da autora, o estabelecimento de comunidades de resistência, que por meio do exercício do mutualismo praticam acolhimento e proporcionam pertencimento, é essencial para a sustentação da capacidade de cultivar esperança, afeto e reconhecimento de um sentido comum na experiência de formação acadêmica de estudantes negras, negros e LGBTQIA+. Na falta delas, o aumento dos casos de suicídio de estudantes negros nas universidades públicas brasileiras demonstra que o enfrentamento ao racismo, quando solitariamente vivido, se configura em campo minado para a saúde mental e porta aberta para o risco de humilhação, desonra e finalmente interrupção das possibilidades de autorrealização, desenvolvimento coletivo e sobrevivência.

É possível construir essa comunidade de resistência que aproxima estudantes, professores e gestores dos diferentes sistemas de ensino que constituem a formação acadêmica, porém essa rede é insuficiente para a proteção social e emocional que garante à totalidade de estudantes negras e negros vidas maiores que sobrevidas no cotidiano das exigências da produção acadêmica. É preciso uma comunidade mais conectada que promova a aproximação mais profunda entre estudantes e professores com o mundo além da academia, pois é nesse mundo que reside o sentido de coletividade que sustenta o engajamento como possibilidade para o enfrentamento ao racismo e a disposição para "trocas dialéticas" nas salas de aula. A rede de sustentação das microrresistências diárias ao racismo e ao sexismo reafirmada em *Ensinando comunidade* é composta por pessoas e situações que envolvem família, amor, sexualidade, espiritualidade, professoras dedicadas a fortalecer a autoestima e estudantes que desafiam o *status quo*. Essa rede é convocada também para o acolhimento dos que sucumbem à humilhação e o enfrentamento daqueles e daquelas dedicados à desonra de estudantes negras e negros.

Ainda no oitavo ensinamento, bell hooks nos conta que, no ambiente segregado onde iniciou sua escolarização, era considerada boa escritora, e isso era natural; nos ambientes escolares brancos, conviveu, perplexa, com questionamentos acerca da autoria de seus textos bem escritos. Em vários ensinamentos contidos nesta publicação, me reconheci como educadora, e em muitos outros momentos o fio da memória da estudante preta foi puxado. Nesse caso, especificamente, revivi a surpresa e a irritação de minha primeira professora de literatura ao descobrir que eu já havia lido todos os livros que ela tentara me indicar, logo eu, a estudante preta, filha da servente escolar e do restaurador de livros. Meus conhecimentos nunca foram reconhecidos ou valorizados nas aulas de literatura, mas sorrateiramente participei da formação daquela primeira comunidade de resistência leitora, forjada por meus amigos da quinta série, dialogando sobre personagens e sugerindo novos desfechos para as histórias pouco animadoras impostas e nunca discutidas em sala de aula.

Em *Letramentos de reexistência*,[5] a pesquisadora Ana Lúcia Silva Souza alerta para o necessário reconhecimento dos estudantes como portadores de conhecimentos complexos e importantes para a qualificação dos processos de escolarização que se estabelecem a partir da apropriação, por parte da escola, das práticas de uso da linguagem em circulação nos territórios ativistas e no cotidiano de resistência às várias camadas de exclusão, racismo e discriminação enfrentadas por crianças e jovens pretos e pretas no Brasil.

Ensinando comunidade reensina o esperançar de Paulo Freire e nos convoca a praticar a pedagogia desassossegada que constrói aulas perfeitas, descritas por bell hooks *como um improviso de jazz*, momentos únicos em que todos estão presentes por inteiro e no agora.

Ednéia Gonçalves é educadora e socióloga. Coordenou projetos de cooperação técnica internacional em diferentes países do continente africano. Atua como formadora de gestores e professores nas áreas de EJA (Educação de Jovens e Adultos) e Educação e relações étnico-raciais. É coordenadora executiva adjunta da ONG Ação Educativa.

5. SOUZA, Ana Lúcia Silva. *Letramentos de reexistência — poesia, grafite, música: hip-hop*. São Paulo: Parábola, 2011.

prefácio

Ensinar e viver com esperança

Dez anos atrás, comecei a escrever uma coleção de ensaios sobre ensino — o resultado foi *Ensinando a transgredir: a educação como prática da liberdade.*[6] Nos estágios iniciais de discussão do projeto com meu amado editor, Bill Germano, que é homem e branco, muitas questões foram levantadas sobre o possível leitor desse livro. Haveria mesmo um público de professores e estudantes dispostos a se engajar nas discussões sobre diferenças e dificuldades em sala de aula, que eram o cerne do texto? Será que professores universitários desejariam ler tal trabalho? Os tópicos eram amplos o suficiente? Na época, eu estava confiante de que havia muitos educadores por aí que, como eu, gostariam de se engajar num diálogo sobre todas essas questões. Quando as perguntas foram respondidas, levamos a publicação adiante. A reação imediata de leitores e leitoras permitiu aos editores saber que o trabalho era oportuno para o

---

6. *Teaching to Transgress: Education as the Practice of Freedom* foi lançado originalmente em 1994. A primeira edição brasileira é de 2013, publicada pela WMF Martins Fontes, com tradução de Marcelo Brandão Cipolla. [N.E.]

momento histórico, que sua linguagem facilitou a leitura, oferecendo às pessoas que leram a oportunidade de rever capítulos, de trabalhar com ideias que lhes parecessem novas, difíceis, perturbadoras, ou simplesmente ideias das quais discordassem e sobre as quais quisessem refletir. Mais do que qualquer outro livro que já escrevi, *Ensinando a transgredir* alcançou o público diverso que imaginei. Diminuindo a distância entre professores e professoras de escolas públicas e aqueles de nós que lecionam (sobretudo ou apenas) no ensino superior, tais ensaios se concentraram em questões comumente enfrentadas por pessoas que ensinam, não importa o tipo de sala de aula em que trabalham.

Certamente, foi a publicação de *Ensinando a transgredir* que criou um espaço no qual pude dialogar cada vez mais com professores, professoras e estudantes de escolas públicas, falar com profissionais da educação em formação e ouvir o que tinham para me dizer sobre ensino. Com o incrível sucesso de *Ensinando a transgredir*, meu editor me incentivou a escrever outro livro sobre ensino, pouco tempo depois da publicação daquela primeira obra. Eu tinha certeza de que não escreveria outro livro sobre o tema, a menos que sentisse aquela necessidade orgânica que frequentemente me conduz a uma escrita apaixonada.

Nos últimos anos, dediquei mais tempo ensinando professores e estudantes sobre ensino do que passei nas salas de aula dos departamentos de inglês, de estudos feministas ou de estudos afro-estadunidenses. Não foi simplesmente a potência de *Ensinando a transgredir* que abriu esses novos espaços de diálogo; foi também o fato de que, ao sair para o mundo público, empenhei-me, como professora, em conferir paixão, habilidade e beleza absoluta à arte de ensinar: ficou óbvio para o público que eu praticava o que pregava. Aquela união entre teoria e práxis era um exemplo dinâmico para professores em busca de sabedoria prática. Não tenho intenção de ser presunçosa ao avaliar abertamente a qualidade do meu ensino e do que escrevo sobre o tema; o propósito é dar meu testemunho de modo a desafiar a noção predominante de que é muito difícil estabelecer conexões — o que não é verdade. Aqueles de nós que querem fazer conexões, que querem atravessar fronteiras, o fazem. Quero que professores e professoras apaixonados se deleitem com um trabalho bem-feito, para inspirar estudantes que estão se preparando para lecionar.

Existem, certamente, momentos na sala de aula em que não alcanço a excelência na arte de ensinar. No entanto, é crucial enfrentarmos qualquer vergonha ou constrangimento que professores e professoras que fazem bem seu trabalho possam se sentir tentados a alimentar, quando nos elogiamos ou somos elogiados por outros por um trabalho excelente. Afinal, ao escondermos nosso brilho, contribuímos com uma desvalorização cultural generalizada da nossa vocação à docência. Como grande fã de basquete, costumo dizer ao público: "Vocês acham mesmo que Michael Jordan não sabe que é um jogador incrível? Que durante a carreira ele foi abençoado com um nível de habilidade e magnificência que o faz se destacar?".

Nos últimos dez anos, dediquei muitas horas ao ensino longe de salas de aula de faculdade. Quando publiquei livros infantis, passei mais tempo do que jamais imaginaria ensinando crianças e conversando com elas, sobretudo aquelas entre três e seis anos. Esse ensino acontece em diversos lugares — igrejas, livrarias, casas onde as pessoas se reúnem e em salas de aula em escolas públicas, faculdades e universidades. O aspecto mais empolgante de ensinar fora de estruturas convencionais e/ou salas de aula universitárias tem sido compartilhar as teorias que escrevemos na academia com públicos não acadêmicos e, mais importante, ver quão famintos eles estão de ter contato com novas possibilidades de aprender, quanto desejam usar esse conhecimento de maneiras significativas para enriquecer a vida cotidiana.

Quando comecei a escrever teoria feminista, sempre discutindo ideias com outros pensadores e pensadoras feministas, uma das nossas preocupações primordiais era não compactuar com a criação de um novo grupo de mulheres de elite, aquelas mulheres com formação universitária que mais se beneficiariam do pensamento e da prática feministas. Acreditávamos (e ainda acreditamos) que a mais importante medida de sucesso do movimento feminista seria ver até que ponto o pensamento e a prática feministas, que estavam transformando nossa consciência e nossa vida, teriam o mesmo impacto nas pessoas comuns. Com essa esperança política, firmamos o compromisso de buscar escrever uma teoria que se comunicasse diretamente com um público inclusivo. Com a academização do feminismo e a perda de um movimento político de base, essa proposta era difícil de realizar em um ambiente de trabalho no qual escrever teoria para fins de promoção e estabilidade no emprego quase sempre significava usar linguagem inacessível e/ou jargões acadêmicos. Muitas ideias feministas maravilhosas nunca alcançam o público fora da academia justamente porque o trabalho não é acessível. É irônico que isso aconteça com frequência em campos como a sociologia e a psicologia, nos quais o assunto está organicamente conectado às escolhas que as pessoas fazem na vida cotidiana — como as obras feministas sobre parentalidade, sobretudo as que abordam o valor da paternidade. Muito desse trabalho ainda é escrito em jargão acadêmico arcaico. Mesmo livros densos que não sejam repletos de jargões são terrenos difíceis de arar para trabalhadores e trabalhadoras que estão cansados demais para selecionar as partes que poderiam conter algo significativo.

Conforme minha carreira acadêmica avançava, o anseio de levar meu trabalho intelectual a fóruns onde a sabedoria prática contida nele pudesse ser compartilhada entre diferentes classes e raças se intensificava. Já escrevi teorias que muitas pessoas de fora da academia acham difíceis de ler; no entanto, a parte que elas entendem constantemente as estimula a trabalhar com essas dificuldades. Ao mesmo tempo, completei uma gama de escritos populares que dialogam com muitas pessoas diferentes, em níveis diversos de habilidade. Considero isso não apenas estimulante, como também uma confirmação de que é possível concretizar os objetivos populares das políticas feministas que muitos e muitas de nós já sustentamos. De fato, é possível criar uma obra que pode ser compartilhada com todo mundo. E essa obra pode servir para expandir todas as nossas comunidades de resistência, de modo que não sejam compostas apenas por professores de faculdade, estudantes ou políticos com boa formação educacional.

Em anos recentes, os meios de comunicação de massa têm dito ao público que o movimento feminista não funcionou, que ações afirmativas foram um erro e que, combinados aos estudos culturais, todos os programas e departamentos alternativos fracassaram na educação dos estudantes. Para contrariar essas narrativas públicas, é vital desafiarmos toda essa desinformação.

Esse desafio não pode consistir simplesmente em chamar a atenção para o fato de que tais narrativas são falsas; precisamos também fornecer um relato honesto e detalhado das intervenções construtivas decorrentes de nossos esforços para criar uma educação mais justa. Devemos ressaltar todas as recompensas positivas e transformadoras resultantes de esforços coletivos para mudar nossa sociedade, sobretudo a educação, para que esta não seja espaço para afirmação de nenhuma forma de dominação.

Precisamos que movimentos políticos de base convoquem os cidadãos a sustentar a democracia e os direitos de todos à educação e a trabalhar em prol do fim da dominação em todas as suas formas — a trabalhar por justiça, mudando nosso sistema educacional para que a escolarização não seja um cenário onde alunos e alunas são doutrinados a apoiar o patriarcado capitalista imperialista supremacista branco ou qualquer ideologia, mas, sim, onde aprendem a abrir a mente, a se engajar em estudos rigorosos e a pensar de forma crítica. Nós, professores e professoras, e os estudantes engajados na tarefa de que a sala de aula não seja espaço de perpetuação da dominação (baseada em raça, classe, gênero, nacionalidade, orientação sexual, religião) temos testemunhado evoluções positivas em pensamentos e ações. Temos testemunhado a disseminação de questionamentos acerca da supremacia branca, do colonialismo racista, do sexismo, da xenofobia.

Um conjunto incrível de textos surgiu e se mantém como prova documental de que acadêmicos e acadêmicas individualmente ousaram não apenas revisar obras que eram preconceituosas, mas também tiveram coragem de produzir trabalhos a fim de nos ajudar a entender melhor como os diversos sistemas de dominação operam, tanto de forma independente quanto em interdependência, para disseminar e apoiar a exploração e a opressão. Ao tornar político o que é pessoal, muitos indivíduos experimentaram transformações de pensamento significativas que levaram a grandes mudanças de vida: pessoas brancas que se comprometeram com o antirracismo, homens que se esforçaram para desafiar o sexismo e o patriarcado, pessoas heteronormativas que começaram a defender com sinceridade a liberdade sexual. Têm acontecido muitos momentos silenciosos, mas radicais e revolucionários, de transformações de pensamento e ação. Para honrar e valorizar esses momentos da maneira correta, precisamos identificá-los, mesmo continuando rigorosamente críticos. Ambos os exercícios que fazem parte do reconhecimento — identificar o problema, mas também verbalizar completa e profundamente aquilo que fazemos e que funciona para abordar e resolver questões — são necessários para renovar e inspirar um espírito de constante resistência. Quando apenas apontamos o problema, quando expressamos nossa queixa sem foco construtivo na resolução, afastamos a esperança. Dessa maneira, a crítica pode se tornar só uma expressão de profundo cinismo, que acaba servindo de apoio para a cultura dominante.

Nos últimos vinte anos, educadores que ousaram estudar e aprender novos jeitos de pensar e de ensinar, a fim de que nosso trabalho não reforce sistemas de dominação, imperialismo, racismo, sexismo ou elitismo, criaram uma pedagogia da esperança. Falando sobre a necessidade de cultivar esperança, o educador brasileiro Paulo Freire nos lembra: "A luta pela esperança significa a denúncia franca, sem meias-palavras, dos desmandos, das falcatruas, das omissões. Denunciando-os, despertamos nos outros e em nós a necessidade, mas o gosto também, da esperança". Esperança que nos possibilita continuar o trabalho em prol da justiça, ainda que as forças da injustiça possam por vezes parecer mais poderosas. Como professoras e professores, entramos na sala de aula com esperança. Freire argumenta: "Qualquer que seja a dimensão pela qual apreciemos a prática educativa, [...] seu processo, se autenticamente vivido, implica sempre a esperança".

Minha esperança emerge daqueles lugares de luta nos quais testemunho indivíduos transformando positivamente sua vida e o mundo ao seu redor. Educar é sempre uma vocação arraigada na esperança. Como professoras e professores, acreditamos que aprender é possível, que nada pode impedir uma mente aberta de buscar conhecimento e de encontrar um modo de saber. Em *The Outrageous Pursuit of Hope: Prophetic Dreams for the Twenty-First Century* [A fantástica busca por esperança: sonhos proféticos para o século XXI], Mary Grey recorda que vivemos pela esperança:

> A esperança amplia os limites do que é possível. Está ligada àquela crença básica na vida sem a qual não conseguiríamos passar de um dia a outro [...]. Viver pela esperança é acreditar que vale a pena dar o próximo passo; que nossas ações, a família, a cultura e a sociedade têm sentido, e que vale a pena viver e morrer por elas. Viver com esperança nos diz: "Há uma saída", mesmo nas situações mais perigosas e desesperadoras [...].

Um dos perigos que encaramos em nossos sistemas educacionais é a perda do sentimento de comunidade, não apenas a perda de proximidade com as pessoas com quem trabalhamos e com nossos alunos e alunas, mas também a perda de um sentimento de conexão e proximidade com o mundo além da academia.

A educação progressista, educação como prática de liberdade, prepara-nos para confrontar sentimentos de perda e para restaurar nosso senso de conexão. Ela nos ensina a criar uma comunidade. Neste livro, identifico muitos elementos que dificultam a conexão, ainda que reconheça todo o nosso trabalho que constrói e sustenta a comunidade. *Ensinando comunidade: uma pedagogia da esperança* oferece sabedoria prática sobre o que fazemos e podemos continuar a fazer para tornar a sala de aula um lugar de apoio à vida e de expansão da mente, um lugar de mutualidade libertadora onde o professor ou a professora trabalhe em parceria com o estudante. Seja com textos sobre amor e justiça, sobre pessoas brancas que transformam a própria vida para se tornar essencialmente antirracistas, seja com textos sobre a questão de sexo e poder entre professores, professoras e estudantes, ou sobre a forma como podemos usar o conhecimento a respeito da morte e do morrer para fortalecer o processo de aprendizagem, estas páginas têm por objetivo ser um testamento de esperança. Nelas, trabalho para recuperar nossa consciência coletiva do espírito de comunidade que está sempre presente quando estamos ensinando e aprendendo de verdade.

Este livro não pertence a mim, apenas. Ele é o ápice de muitas horas de conversa com camaradas, alunos e alunas, colegas e pessoas desconhecidas. É o resultado de diálogos transformadores que ocorrem no contexto de construção de comunidade. O monge budista vietnamita Thich Nhat Hanh, em *Vivendo Buda, vivendo Cristo*, ensina:

> No verdadeiro diálogo, ambas as partes estão dispostas a mudar. Precisamos compreender que a verdade pode vir de fora — não apenas de dentro — do nosso próprio grupo [...]. Precisamos

acreditar que, ao nos envolvermos em diálogo com outra pessoa, temos a possibilidade de mudar algo internamente, podemos nos tornar mais profundos.

Nestes ensaios, falo com franqueza e honestidade sobre como trabalhamos por mudança e somos transformados, esperando iluminar o espaço do possível, onde possamos manter a esperança e criar comunidade, tendo a justiça como o cerne da criação.

Parker Palmer acredita que um ensino iluminado tem o poder de evocar e despertar um senso de comunidade. Muitos de nós sabem que é assim porque ensinamos e vivemos imersos na vibração animadora de diversas comunidades de resistência. Elas são a fonte da nossa esperança, o lugar onde nossa paixão por conectar e por aprender é constantemente alimentada. Palmer afirma:

> Essa comunidade vai muito além do nosso relacionamento cara a cara uns com os outros, como seres humanos. Na educação, principalmente, essa comunidade nos conecta com as [...] "coisas boas" do mundo, e com a "graça das coisas boas". [...] Estamos em comunidade com todas essas coisas boas, e o bom ensino está relacionado a conhecer essa comunidade, sentir essa comunidade, perceber essa comunidade, e então conduzir seus estudantes a entrar nela.

Espero que *Ensinando comunidade: uma pedagogia da esperança* envolva você e renove seu espírito.

ensinamento 1

o desejo de aprender: o mundo como sala de aula

Quando educadores progressistas contemporâneos de todo o país questionaram o modo como os sistemas institucionalizados de dominação (raça, sexo, imperialismo nacionalista) usam o ensino para reforçar valores dominadores desde a origem da educação pública, uma revolução pedagógica se iniciou nas salas de aula do ensino superior. Expor os fundamentos políticos conservadores subjacentes que moldam o conteúdo do material utilizado nas escolas, bem como a maneira pela qual as ideologias de dominação estabeleceram a prática de ensino e a atuação de pensadores em sala de aula, permite a educadores e educadoras considerar o ensino de um ponto de vista voltado a libertar a mente dos estudantes em vez de doutriná--los. Os valores do patriarcado supremacista branco capitalista imperialista eram ensinados nas escolas para pessoas negras da minha infância no sul dos Estados Unidos, mesmo que fossem, às vezes, criticados. Naquele tempo, professores e professoras negros, que em geral tinham a pele clara (já que esses eram os indivíduos que a hierarquia do tom de pele permitia ascender e receber formação superior), expressavam um nítido favoritismo, demonstrando respeito e consideração por estudantes de pele mais clara. Reiteravam, assim, o pensamento supremacista branco, embora também ensinassem que o processo de escravização de pessoas negras por pessoas brancas tinha sido cruel e injusto e enaltecessem rebeliões e resistência antirracistas.

Nesse ambiente onde se ofereciam modos alternativos de pensar, um aluno poderia se engajar na insurreição do conhecimento subjugado. Por isso, era possível aprender ideias libertadoras em um contexto criado para nos socializar de maneira a aceitarmos a dominação, a aceitarmos o lugar de uma pessoa nas hierarquias de raça e de sexo. Obviamente, essa mesma prática tem sido a realidade em todas as formas de ensino — assim como quando as mulheres, em sua maioria brancas, aprenderam com o patriarcado que a entrada delas em escolas e universidades era, em si, uma insurreição, um desafio. Dentro da academia patriarcal, as mulheres são levadas a escolher entre os vieses sexistas no conhecimento, que reiteram a dominação baseada em gênero, e as formas de conhecimento que intensificam a consciência de igualdade de gênero e autodeterminação da mulher.

Certamente, para afro-estadunidenses a institucionalização dos estudos negros proporcionou um espaço em que a hegemonia do pensamento imperialista supremacista branco podia ser desafiada. Entre o fim dos anos 1960 e o começo dos anos 1970, estudantes, inclusive eu, tornaram-se radicais nas salas de aula ao alcançar consciência crítica sobre o modo como o pensamento dominador havia moldado o que sabíamos. Quando criança, de início acreditei em professores e professoras brancos que me disseram que não líamos autores negros porque eles não haviam escrito livros ou não haviam escrito nada de bom. Como estudante universitária de pensamento crítico, aprendi a questionar a fonte de informação. Em 1969,

June Jordan publicou o ensaio "Black Studies: Bringing Back the Person" [Estudos negros: recuperando o ser]. Ela argumentou que os estudos negros foram um espaço contra-hegemônico para pessoas negras descolonizadas:

> Estudantes negros em busca da verdade exigem professores menos suscetíveis a mentir, menos suscetíveis a disseminar as tradições de mentir; mentiras que desfiguram o pai na memória da criança. Exigimos professores negros para os estudos negros. Não é apenas por acreditarmos que pessoas negras consigam entender a experiência de ser negro [...]. Para nós, "experiência negra" e/ou "estudos negros" não é opcional: precisamos nos conhecer [...]. Buscamos comunidade. Já sofremos com a alternativa à comunidade, ao comprometimento humano. Suportamos a chicotada dos "estudos brancos" [...]; portanto, não podemos, em nome de nossa sanidade, ficar sem "estudos negros" — estudos sobre a pessoa consagrada para a preservação daquela pessoa.

Essa é uma mensagem potente sobre a descolonização dos modos de pensar; ela liberta o conhecimento da asfixia causada pelo ponto de vista e pelo pensamento supremacista branco. Nesse ensaio, Jordan levanta uma questão fundamental: "A universidade está preparada para nos ensinar algo novo?". Desde o início, a presença dos estudos negros criou um contexto propício para uma contranarrativa em que o aprendizado não reforce a supremacia branca.

A reboque do sucesso da militância negra antirracista, emergiu o movimento feminista. Dado que mulheres brancas com boa formação educacional e privilégio de classe ocupavam posição de vantagem para ingressar na academia por meio de políticas de ação afirmativa em contingente muito maior do que de pessoas negras, consequentemente a presença delas nesse ambiente aumentou. Como beneficiárias mais imediatas de tais políticas afirmativas, a inclusão dessas mulheres serviu para potencializar "poder e privilégio brancos", fossem elas antirracistas ou não. Quando empregos no meio acadêmico, criados por meio de políticas afirmativas inspiradas nos direitos civis, foram concedidos a candidatas brancas, os homens brancos em posição de poder puderam posar de interessados no problema da discriminação, sem de fato viabilizar a diversidade racial ou a inclusão de grupos mais amplos de pessoas de cor.[1] As mulheres feministas, majoritariamente brancas, que ingressaram em grande quantidade na força de trabalho do ensino superior entre o fim dos anos 1960 e os anos 1980, que se radicalizaram a partir da ascensão de uma consciência feminista, desafiaram o patriarcado e começaram a exigir mudanças nos currículos para que eles não mais refletissem preconceitos de gênero. Os acadêmicos brancos estavam muito mais dispostos a lidar com igualdade de gênero do que com igualdade racial.

A intervenção feminista foi surpreendentemente bem-sucedida na mudança do currículo acadêmico. Por exemplo, não foram os estudos negros que levaram ao resgate de escritoras negras antes desconhecidas, como Zora Neale Hurston.

---

1. O termo "pessoas de cor" (do inglês *people of color*) é uma expressão sem nenhum cunho pejorativo, que engloba negros, marrons, latino-americanos, indígenas, muçulmanos etc. Enfatizamos aqui a importância de ressignificar palavras e expressões que foram politicamente construídas; nesse caso, "pessoas de cor" é um termo criado a partir de estudos, análises e pesquisas e atualmente possui contexto histórico, geográfico, político, étnico e racial. [N.E.]

Acadêmicas feministas, e isso inclui mulheres negras, foram as responsáveis por restaurar a *herstory*,[8] chamando a atenção para a exclusão patriarcal de mulheres e, portanto, criando a consciência que levou a uma inclusão mais ampla. Embora eu tenha começado minha carreira no ensino com estudos negros, os cursos que lecionei com salas sempre lotadas (já precisei dispensar muitos estudantes) eram aqueles dedicados a escritoras. O desafio do feminismo à grade curricular patriarcal e às práticas de ensino patriarcais alterou completamente a sala de aula. Uma vez que faculdades e universidades dependem da "compra" do produto "cursos" para sobreviver, à medida que cada vez mais estudantes migravam para cursos nos quais a prática de ensino e o currículo não eram tendenciosos, nos quais a educação como prática da liberdade era a norma, a autoridade da estrutura de poder do homem branco tradicional se enfraquecia. Ao se juntarem à campanha para mudança da grade curricular, homens brancos conseguiram manter sua posição de poder. Por exemplo, se um professor de inglês racista patriarcal, lecionando um curso sobre William Faulkner (que era obrigatório para muitos estudantes matriculados), tivesse de competir com uma disciplina similar de uma professora feminista antirracista, era possível que a turma dele acabasse sem público. Portanto, era questão de sobrevivência que ele reconsiderasse suas perspectivas, para incluir pelo menos um debate sobre gênero ou uma análise feminista.

Como uma insurreição de conhecimentos subjugados, as intervenções feministas no mundo acadêmico tiveram maior

---

8. O termo *herstory* [história dela], criado pela teórica feminista e poeta Robin Morgan, diz respeito à proposta de descrever a história sob a perspectiva das mulheres. [N.E.]

impacto que os estudos negros, uma vez que mulheres brancas podiam recorrer a uma parcela maior do corpo discente, composta por estudantes brancas. No início, os estudos negros atendiam, sobretudo, a um contingente de alunos e alunas negros; já os estudos feministas inicialmente se destinavam a alunos e alunas brancos. Mesmo que no começo os cursos de estudos de mulheres atraíssem majoritariamente estudantes brancas — em geral aquelas que tinham um grau de consciência radical —, conforme a igualdade de gênero foi se tornando a norma as salas de aula feministas cresceram e atraíram um corpo discente diverso de estudantes brancos, brancas e de cor. De modo significativo, professoras e professores feministas, ao contrário da maioria do corpo docente não feminista de estudos negros, eram muito mais inovadores e progressistas no modo de ensinar. Estudantes migravam em peso para cursos feministas porque ofereciam uma formação educacional mais atrativa. Se esse não fosse o caso, não teria sido necessário que acadêmicos brancos e conservadores, tanto mulheres quanto homens, reagissem com calúnias às disciplinas dos estudos de mulheres, com o falso argumento de que nelas se ensinava que não era preciso estudar coisa alguma produzida por homens brancos; além disso, insistiam em dizer que essas aulas não exigiam dedicação. Ao desvalorizarem as salas de aula feministas, esses professores e professoras levaram estudantes a pensar que seriam desacreditados academicamente, caso se formassem nessas disciplinas alternativas. É óbvio, no entanto, que os cursos feministas eram ambientes rigorosos de aprendizado, com a vantagem de um estilo de ensino menos convencional.

Independentemente da intensidade da reação antifeminista ou dos esforços conservadores para desmantelar os estudos negros e os programas de estudos de mulheres, as intervenções aconteceram e provocaram enormes mudanças. À medida que mulheres negras, mulheres de cor e mulheres brancas aliadas à luta antirracista foram trazendo a discussão sobre raça e racismo para o pensamento feminista que transformou os estudos feministas, muitas das indagações dos estudos negros passaram a ser abordadas a partir de uma associação com os estudos de mulheres e por meio da literatura feminista. Ao longo do tempo, conforme a academia mudava, implementando reformas necessárias para acolher a inclusão — igualdade de gênero e diversidade —, feministas e/ou acadêmicas negras não foram necessariamente sendo alocadas apenas em programas alternativos. A incorporação de professoras e professores feministas progressistas e/ou negros e negras ou de cor em salas de aula regulares — ou seja, fora do "gueto" dos estudos de mulheres ou dos estudos étnicos (o que aconteceu porque os homens brancos queriam retomar o controle sobre essas disciplinas) — devolveu a essas pessoas controle, mas isso significou também a entrada de vozes dissidentes nas disciplinas convencionais. E essas vozes mudaram a natureza do discurso acadêmico.

Muito pouco reconhecimento é dado aos estudos de mulheres e aos estudos negros/étnicos pelas mudanças incríveis que essas disciplinas promoveram no ensino superior. Quando homens brancos progressistas criaram o curso alternativo de estudos culturais, lecionando a partir de pontos de vista progressistas, o sucesso do programa estava propenso a ofuscar as intervenções potentes de mulheres e homens de cor, simplesmente devido ao modo como o pensamento e a prática da supremacia branca recompensam intervenções de homens brancos ao passo que diminuem as intervenções progressistas de mulheres e homens de cor. Dado que os estudos culturais, em geral, incluíam o reconhecimento de raça e gênero — ainda que favorecessem a manutenção da presença hegemônica dos homens brancos —, inadvertidamente se tornaram uma das forças que levaram universidades a desmantelar programas de estudos étnicos e de estudos de mulheres, sob o argumento de que esses se tornaram desnecessários. A integração geral de cursos alternativos e de perspectivas alternativas foi uma tática empregada para eliminar os espaços concretos de poder onde políticas e estratégias diferentes de educação poderiam ser implementadas, porque as pessoas não dependiam das correntes conservadoras para obter promoção e estabilidade. Bem, tudo isso mudou. As bem-sucedidas reações para enfraquecer mudanças progressistas conseguiram retroceder o cenário para o anterior. O domínio do homem branco permanece intacto. Em toda a nossa nação, os programas de estudos de mulheres e estudos étnicos foram impiedosamente desmantelados.

A manipulação conservadora da grande mídia foi bem-sucedida em estimular pais e estudantes a temer modos alternativos de pensamento e a acreditar que o simples fato de cursar disciplinas de estudos de mulheres e estudos étnicos os levaria ao fracasso, reduziria as chances de conseguir um emprego. Essas táticas prejudicaram o movimento por uma educação progressista como prática da liberdade, mas não mudaram o avanço incrível que foi feito. Em *Teaching Values* [Valores de ensino], Ron Scapp nos lembra: "O antagonismo direcionado a pessoas que 'questionam' e o medo existente em relação a elas tem uma longa (e violenta) história. O fato de as pessoas que hoje questionam e rejeitam as imposições da nossa história cultural serem vistas como párias e estarem sob ataque também não deveria ser 'surpreendente'". Scapp aponta que, embora o pessoal resistente à reforma da educação progressista "rapidamente a recuse ou a desvalorize (e, às vezes, a destrua)", isso não apaga a potente e significativa insurreição dos conhecimentos subjugados, que é também libertadora e vital.

Lutas por igualdade de gênero e diversidade étnica interligaram questões relativas ao fim da dominação e aos direitos sociais com a pedagogia. A sala de aula foi transformada. A crítica aos cânones permitiu que a voz de intelectuais visionárias fosse ouvida. Gayatri Spivak desafiou brilhantemente a noção de que apenas os cidadãos desta nação conseguem reconhecer e compreender a importância do cânone tradicional. Com ousadia, ela afirma: "A questão do cânone literário é, na realidade, uma questão política: garantia de autoridade". Em *Outside in the Teaching Machine* [Lá fora, na máquina de ensino], ela explica a importância do "letramento transnacional", começando por uma discussão sobre as salas de aula de ensino médio. Ao escrever sobre o cânone, Spivak argumenta que ela "precisa falar de dentro do debate sobre o ensino do cânone", a partir de uma perspectiva construída pela consciência pós-colonial da necessidade de fomentar justiça na educação:

> Não é possível haver uma teoria geral de cânones. Os cânones são a condição e o efeito das instituições. Eles garantem as instituições, assim como as instituições garantem os cânones [...]. Dado o fato incontestável de que não há expansão sem contração [...], precisamos abrir espaço para o ensino coordenado das novas entradas no cânone. Quando eu levanto esse assunto, ouço histórias sobre estudantes de nível universitário que disseram a professores e professoras que um semestre inteiro de Shakespeare ou Milton ou

Chaucer mudou a vida deles ou delas. Não duvido dessas histórias, mas devemos promover uma mudança qualitativa/quantitativa se formos canonizar as novas entradas [...]. Talvez estudantes de graduação tenham sua vida transformada pelo senso de diversidade do novo cânone ou pelo jogo de poder não reconhecido que sustenta o velho.

O trabalho de Spivak, que surgiu de uma crítica esquerdista transnacional, feminista e antirracista, inclui a genialidade extraordinária e a potência das intervenções intelectuais que transformam a velha academia.

Obviamente, apesar dessas intervenções, muitas coisas na academia permanecem inalteradas. Isso, contudo, não torna as mudanças nem menos relevantes, nem menos impressionantes. Enquanto as salas de aula tradicionais e dominadoras continuavam a ser lugares onde estudantes apenas recebiam material para aprender por repetição e então regurgitar, estudantes em salas de aula progressistas aprendiam a pensar de forma crítica. Aprendiam a abrir a mente. E, quanto mais expandiam a consciência crítica, menos estavam suscetíveis a apoiar ideologias de dominação. Professores progressistas não precisavam doutrinar estudantes nem ensinar que deveriam se opor à dominação. Alunos e alunas chegavam a essa conclusão por meio da própria capacidade de pensar criticamente e de acessar o mundo em que viviam. Ao discutir assuntos como imperialismo, raça, gênero, classe e sexualidade, educadores progressistas aumentavam a consciência de todos sobre a importância dessas questões (mesmo para indivíduos que não concordavam com nossa perspectiva). Essa consciência tem criado condições para uma mudança concreta, mesmo que essas condições ainda não sejam conhecidas por um grande público. Certamente, nos últimos vinte anos, educadores progressistas, professores, professoras e estudantes trabalharam positivamente em prol da justiça social, realizando os objetivos democráticos de formas extraordinárias. A reação a isso foi igualmente extraordinária.

Chama a atenção que o ataque contra educadores progressistas e novos modos de saber tenha sido capitaneado com muita crueldade não por educadores, mas por legisladores e seus colegas conservadores que controlam a grande mídia. A pedagogia competitiva, a voz da hegemonia dominante, foi ouvida ao redor do mundo por meio das lições da mídia patriarcal supremacista branca capitalista imperialista. Enquanto o mundo acadêmico tornava-se um lugar onde sonhos humanitários podiam ser realizados por meio da educação como prática da liberdade, via pedagogia da esperança, o mundo lá fora estava ocupado ensinando às pessoas a necessidade de manter as injustiças, ensinando medo e violência, ensinando terrorismo. O pensamento crítico em relação à "alteridade" encabeçado por educadores progressistas não foi tão potente quanto a insistência da mídia de massa conservadora de que a alteridade deve ser reconhecida, caçada e destruída. Em *Hatred: Racialized and Sexualized Conflicts in the Twenty-First Century* [Ódio: conflitos racializados e sexualizados no século XXI], Zillah Eisenstein explica, no capítulo "Writing Hatred on the Body" [Registrando ódio no corpo]:

> Na véspera do século XXI, ódios explodem em lugares tais como Sarajevo, Argentina, Chechênia, Ruanda, Los Angeles e Oklahoma City. O ódio incorpora um complexo conjunto de medos sobre diferença e alteridade. Isso revela o que algumas pessoas temem nelas mesmas, suas próprias "diferenças". O ódio se forma em

torno do desconhecido, a diferença dos "outros". E aprendemos a diferença que tememos através de marcas racializadas e sexualizadas. Porque as pessoas crescem outras, a partir do corpo racializado, sexualizado e genderizado, corpos são importantes para o registro do ódio na história.

Questionamentos acadêmicos direcionados a esse ódio, apesar de significativos, não alcançam parcela suficiente dos cidadãos. Quando ocorreram os eventos trágicos do Onze de Setembro, foi como se, em apenas poucos momentos, todo o nosso trabalho para acabar com a dominação em todas as suas formas, todas as nossas pedagogias da esperança tivessem perdido sentido, enquanto grande parte do público estadunidense, em reação às notícias da tragédia, reagia com derramamento de ódio patriarcal nacionalista supremacista branco capitalista imperialista contra terroristas, definidos como os outros de pele escura, mesmo quando não havia nem imagens, nem provas concretas. Aquela ira derramou-se em ódio diário às pessoas de cor de todas as raças nesta nação, enquanto muçulmanos e muçulmanas de variadas posições sociais de repente sentiram-se repreendidos e rejeitados — alvos de uma violência aleatória e imprudente. Não importava a maioria esmagadora de pessoas de cor cuja vida foi tirada no Onze de Setembro, com mais de sessenta países representados, todas as religiões do mundo representadas, inocentes de todas as formas, tamanhos, cores, de recém-nascidos a idosos; o cruel imperialismo cultural ocidental reduziu o brutal massacre ao simples binarismo "nós/eles", sendo os cidadãos dos Estados Unidos "as pessoas escolhidas" em oposição a um mundo cheio de pessoas "não escolhidas". Felizmente, entre colegas e companheiros sensíveis à situação, pessoas de cor primeiro esperavam poder expressar o luto e então falar sobre justiça. Sempre que amamos a justiça e nos colocamos no lado da justiça, recusamos binarismos simplistas. Nos recusamos a permitir que qualquer pensamento anuvie nosso julgamento. Abraçamos uma lógica inclusiva. Reconhecemos os limites do nosso conhecimento.

Ainda que conseguisse andar pelos cenários da tragédia do Onze de Setembro, não fui capaz de falar sobre esses acontecimentos durante um tempo, porque eu teria de confrontar os limites do que sei. Eu não podia ser crítica da mídia de massa patriarcal supremacista branca capitalista imperialista e depois confiar nela para me contar o que havia ocorrido. O que eu sabia, os limites do meu conhecimento, era definido pela informação da mídia alternativa e pelas fronteiras do que vivenciei, de tudo o que testemunhei. Era disso que eu podia dar conta. Qualquer coisa a mais teria sido interpretação das interpretações a mim oferecidas por uma mídia de cujos interesses suspeito.

A partir do momento dos ataques e nos dias e semanas que se seguiram, nossos bairros foram cercados. Podíamos ouvir apenas os sons dos aviões. Somente agentes do Estado e a polícia andavam livremente. Homens armados, sobretudo brancos, estavam por todos os lados. Em todos os lugares, pessoas de cor eram aleatoriamente vigiadas. Assim que puderam, nossos vizinhos privilegiados (majoritariamente brancos) partiram para suas casas de campo. Mas outros vizinhos me ligaram para dar a notícia. Amigos e companheiros do mundo inteiro me ligaram para expressar pesar e tristeza. Eu me senti rodeada por comunidades afetuosas. Ainda assim, o ódio racial, vindo de pessoas que sempre se apresentaram como tendo consciência crítica, era tão intenso quanto aquele expressado por grupos que não se preocupavam com justiça, que nem sequer eram capazes de reconhecer que nossa nação é um patriarcado supremacista branco capitalista imperialista. Foi um momento de caos extremo, quando as sementes da ideologia fascista estavam dando frutos por todos os lugares. Nas nações, em escolas e em faculdades, a liberdade de expressão deu lugar à censura. Pessoas perderam o emprego ou promoções porque ousaram exercer o direito de divergir, que é um direito civil central para uma democracia. Por todo o país, cidadãos afirmavam estar dispostos a renunciar a direitos civis para garantir que esta nação venceria a guerra contra o terrorismo.

Em questão de meses, muitos cidadãos pararam de acreditar no valor de viver em uma comunidade diversa, do trabalho antirracista e de buscar paz. Deixaram de crer no poder de cura da justiça. O nacionalismo supremacista branco radical ergueu sua voz tenebrosa e falou abertamente em qualquer lugar. Indivíduos que se atreveram a divergir, a criticar, a questionar informações falsas foram — e ainda são — considerados traidores. Conforme o tempo passava, testemunhamos muitos ataques contra qualquer indivíduo ou grupo que se atrevesse a trabalhar por justiça, que se opusesse à dominação em todas as suas formas.

Um cinismo profundo está no âmago da cultura do dominador, onde quer que ela prevaleça no mundo. Neste momento de nossa vida, cidadãos ao redor do mundo sentem-se sensibilizados com o cinismo que causa morte, que naturaliza a violência, que promove guerras e nos diz que a paz não é possível, que não pode ser alcançada, sobretudo entre pessoas que são diferentes, que não têm nem aparência nem discurso semelhantes, que não comem a mesma comida, não adoram os mesmos deuses nem falam a mesma língua. Uma vez que muito da pedagogia de dominação é trazido até nós, nos Estados Unidos, pela grande mídia, sobretudo pela televisão, raramente assisto à TV. Ninguém, independentemente de sua inteligência e de suas habilidades de pensamento crítico, está imune às mensagens subliminares que se imprimem no inconsciente, se assistirmos a horas e horas de televisão. A televisão estadunidense tornou--se essencialmente uma série de espetáculos que disseminam e mantêm a ideologia do patriarcado supremacista branco capitalista imperialista. Houve momentos na história do país em que a mídia se tornou um lugar onde diversas vozes foram ouvidas, apesar da hegemonia de forças mais conservadoras.

Neste momento, o discurso livre e o direito de divergir estão sendo minados pela cultura conservadora do dominador que utiliza a grande mídia com a estratégia de "empurrar" produtos a clientes. A mensagem da cultura do dominador teria pouco impacto, não fosse o poder que os meios de comunicação de massa têm para exaltá-la de modo tão sedutor. Por exemplo, a maior parte da cobertura do Onze de Setembro feita pela televisão concentrou-se nos bombeiros, predominantemente homens brancos. Os bombeiros de Nova York tiveram práticas de contratação notavelmente racistas. Muitos estadunidenses enxergavam as vítimas do Onze de Setembro como brancas. Se o foco estivesse nas vítimas da tragédia, não apenas nos retratos de ricos privilegiados, das pessoas brancas que perderam a vida (mortes que, ainda assim, são trágicas), mas nas massas de trabalhadores pobres que foram massacradas, sendo a maioria esmagadora de pessoas de cor não estadunidenses, a abordagem conservadora "nós/eles" não teria tão facilmente se tornado a reação mais popular. Se a grande mídia tivesse escolhido focar a incrível diversidade de nacionalidades e religiões das vítimas do Onze de Setembro (incluindo os muitos muçulmanos e muçulmanas que foram mortos), teria sido impossível criar a narrativa sentimental do nós contra eles, de estadunidenses contra o mundo. De fato, a diversidade do mundo estava personificada nas pessoas mortas no Onze de Setembro. Essa nunca foi uma tragédia exclusiva dos Estados Unidos, mas a televisão distorceu a verdade para parecer que fosse. E muitos espectadores, que em geral teriam sido sensíveis a isso, foram seduzidos, porque o luto criou um contexto de vulnerabilidade e revolta em que as pessoas ficaram ávidas por criar um inimigo comum.

Aqui onde vivemos, nossos sentidos são agredidos pela pestilência da dominação diária. Não surpreende, portanto, que muitas pessoas se sintam profundamente confusas, indecisas e desesperançosas. Mais do que em qualquer outro lugar, a grande mídia controlada pelo dominador, com sua constante manipulação da representatividade a serviço do *status quo*, nos violenta no lugar onde encontraríamos esperança. Desespero é a maior ameaça. Quando o desespero prevalece, não conseguimos criar comunidades vitais de resistência. Paulo Freire nos lembra: "Daí a impossibilidade da esperança. Sem o vislumbre sequer de amanhã se torna impossível a esperança". Nossa visão do amanhã é mais vigorosa quando emerge das circunstâncias concretas de mudança que vivenciamos agora.

ensinamento 2

um tempo de licença: salas de aula sem fronteiras

Ainda que durante a maior parte da minha carreira o ensino superior tenha sido estimulante, nos últimos anos comecei a sentir necessidade de ter mais tempo longe do trabalho. Eu estava me desgastando. Ao entrar na sala de aula da universidade de cidade grande onde eu lecionava, comecei a ter a sensação de que estava entrando em uma prisão, um lugar fechado onde, independentemente de quanto eu tentasse, era difícil criar um contexto positivo para o aprendizado. A princípio, atribuí esse sentimento ao desânimo com a sala de aula, à grande diferença que havia entre as habilidades e as aptidões de alunos e alunas e à intensa espionagem por parte da administração e do corpo docente (em geral, interrogavam estudantes sobre o que havia acontecido na minha aula e, baseados nesses comentários, davam-me avaliações críticas desnecessárias). Na verdade, esses obstáculos sempre fizeram parte da minha experiência de ensino. Minha capacidade de lidar com eles de um jeito construtivo estava diminuindo. Eu precisava de um tempo afastada da docência.

Todos os professores, em todos os contextos, do jardim de infância à universidade, precisam de um tempo longe do ensino em algum momento da carreira. A duração da licença é relativa.

Decerto os muitos professores desempregados, sobretudo os do ensino superior, poderiam trabalhar em alguns períodos se professores em todos os lugares e em todos os sistemas educacionais pudessem tirar licença não remunerada quando desejassem. Na universidade onde eu era professora titular, logo que meu contrato foi negociado, acordamos que eu poderia tirar licenças não remuneradas para escrever e pesquisar. O salário que me pagavam poderia custear a contratação de dois ou três docentes em início de carreira. Ainda que tivesse negociado esse acordo, quando eu queria tirar licença era difícil conseguir permissão dos reitores, do corpo docente e da administração. Alguns colegas receavam que concordar com licenças não remuneradas quando solicitadas significaria que professores e professoras regulares estariam constantemente afastados. Parecia um argumento falso. Para começar, se todos nós tivéssemos renda suficiente para estarmos constantemente licenciados, nunca teríamos precisado de um emprego na educação. Mesmo que todos os professores universitários tivessem a oportunidade de tirar licença não remunerada quando desejassem, a vasta maioria não tem meios financeiros para explorar essa possibilidade de modo inconsequente. Conversando com colegas de todos os níveis de ensino, descobri que a maioria de nós deseja um afastamento quando precisa desesperadamente disso, quando se sente esgotada e incapaz de fazer da sala de aula um lugar construtivo para o aprendizado.

A sala de aula é um dos ambientes de trabalho mais dinâmicos precisamente porque nos é dado pouco tempo para fazer muita coisa. Para atuar com excelência e estima, professores e professoras precisam estar totalmente presentes no momento, concentrados e focados. Quando não estamos presentes por completo, quando nossa mente está distante, nosso desempenho piora. Eu sabia que era hora de dar um tempo da sala de aula quando minha mente estava sempre alheia ao momento. Nos últimos estágios de esgotamento, eu sabia que precisava estar em outro lugar porque simplesmente não sentia vontade de me levantar, de me vestir e de ir para o trabalho. Eu tinha pavor da sala de aula. A consequência mais negativa desse tipo de esgotamento manifesta-se quando professores começam a abominar e a detestar os estudantes. Isso acontece. Há pouco tempo, quando me reuni com professoras e professores do ensino fundamental, uma mulher manifestou com ousadia seu sentimento de que a situação em sala de aula tornara-se insana, que o tamanho das turmas e as questões disciplinares a impossibilitavam de ensinar. Ela odiava seu trabalho, os alunos e as alunas.

Sugeri que ela tirasse um tempo para avaliar sua situação e identificar qualquer aspecto da experiência pedagógica que ainda achasse atraente e divertido. Apesar disso, fria e cínica, ela disse ao grupo que não estava mais aberta a procurar qualquer coisa positiva sobre sua atuação; para ela, é, foi e será o trabalho que lhe permitirá manter o padrão de vida material que ela considera desejável. Surpresa, quando sugeri que talvez fosse o momento de imaginar, e então procurar, um emprego que para ela fizesse mais sentido, ela respondeu que apenas aceitou o fato de não haver alternativa. Ela sente que está fadada e condenada a ficar na prisão de uma atividade que não deseja mais exercer. Obviamente, os estudantes aos quais ela ensina também estão condenados e compelidos a permanecer numa dinâmica na qual a única esperança de aprendizado é receber informações de um plano padronizado de ensino.

O cinismo dessa pessoa em relação ao ensino é um comportamento comum. Ela foi ousada o suficiente para dar voz ao que muitos professores sentem. E, infelizmente, em geral é no espaço da escola pública que a sensação de desesperança em relação ao ensino é mais intensa e difundida. Entendendo que há momentos em que "precisamos trabalhar mais por dinheiro do que pelo que faz sentido", o educador Parker Palmer descreve em *The Courage to Teach* [A coragem de ensinar] a forma como trabalhar em qualquer profissão, mais especificamente no ensino, nos violenta quando não estamos mais positivamente engajados:

> no exato sentido de que viola minha integridade e minha identidade [...]. Quando violo a mim mesmo, eu invariavelmente acabo por violar as pessoas com quem trabalho. Quantos professores não projetam suas dores nos estudantes, a dor consequente de fazer o que nunca foi, ou não é mais, sua verdadeira atividade.

Professores e professoras de escolas públicas sentem-se extremamente pressionados pelo tamanho das turmas e por planos de aula nos quais há pouca possibilidade de escolher o conteúdo do material que são obrigados a ensinar. E, se novos exames-padrão nacionais fossem institucionalizados, seria ainda mais difícil para esses educadores trazer ideias criativas para o trabalho pedagógico. Será pedido a eles que apenas transmitam informações, como se sua tarefa fosse semelhante à de um operário em linha de montagem.

Quando tirei dois anos de licença não remunerada, não abandonei o ambiente de ensino. Para sobreviver financeiramente, trabalhei dando palestras. Foi uma mudança revigorante, uma vez que as pessoas que costumavam assistir a essas palestras estavam abertas a ouvir o que eu tinha a dizer, e a aprender. Isso era diferente de dar aula em uma classe onde a maioria dos estudantes informa, já no primeiro dia, que está ali não porque tem interesse na disciplina, mas porque precisa concentrar todas as aulas na terça-feira — "e o horário da sua é perfeito". E, obviamente, a grande diferença de dar palestras é a ausência de avaliação. Como muitos professores, eu achava que dar notas era um dos aspectos mais estressantes do ensino. Avaliar ficou ainda mais exaustivo em um mundo onde os estudantes determinam a necessidade de obter uma avaliação específica para serem bem-sucedidos e querem recebê-la independentemente de seu desempenho.

Ao entender que "atribuir nota" é uma forma de avaliar a capacidade de aprendizado e de produção de um aluno, resolvi meu incômodo com esse método ensinando os estudantes a aplicar os critérios usados para pontuá-los e, então, estimulando-os a se autoavaliar para terem consciência de suas habilidades de fazer o trabalho necessário, no nível de desempenho que desejam. Em diferentes momentos, em interações individuais, a autoavaliação deles seria comparada à minha avaliação. A parte difícil desse processo era ensiná-los a ser rigorosos e críticos nas autoavaliações, mas com frequência a nota que dávamos era a mesma.

Assim como eu avaliava meus estudantes a cada aula, também me avaliava. A autoavaliação contínua foi a experiência que tornou meu esgotamento mais explícito e mais intenso. Da mesma forma que estudantes se sentem mal quando sua nota cai da máxima para a mediana, eu me sentia mal quando do percebia que meu ensino não era constantemente avaliado no patamar máximo. Quando comecei a sentir necessidade de tirar licença, compartilhei minhas preocupações com estudantes queridos, que por um tempo me convenceram de que meu desempenho como professora em um dia "ruim" ainda era muito mais produtivo do que o da maioria das outras aulas que frequentavam. Eles sabiam que muitas das questões de trabalho que me estressavam não estavam relacionadas à sala de aula. Atuando dentro de um sistema educacional em que o corpo docente era 90% branco, e o corpo discente, 90% não branco, um sistema em que prevaleciam tanto o modelo de educação bancária[9] quanto noções de brilhantismo e genialidade fundamentadas em preconceitos raciais, eu me sentia alienada dos meus colegas. Vários deles eram liberais bem-intencionados que se dedicavam em horas extras à atividade de ensino e simplesmente não tinham conhecimento das questões de raça. Apesar das boas intenções, eles muitas vezes inconscientemente disseminavam estereótipos racistas, argumentando que a presença de tantos estudantes não brancos, muitos deles estrangeiros, havia baixado os padrões. Ao mesmo tempo, acreditavam que precisavam baixar os próprios padrões de ensino para dar aula àqueles "estudantes atrasados".

Cheguei a lecionar em uma universidade de cidade grande, em uma comunidade diversa e não branca depois de anos trabalhando em escolas de elite predominantemente brancas. Como sempre planejei me aposentar cedo do ensino, queria passar os anos que acreditava serem meus últimos nessa área numa

---

[9] Segundo Paulo Freire, modelo em que o educador (sujeito) sabe tudo e deposita o conhecimento no educando (objeto), que não sabe nada. Esse modelo contrasta com o modelo freiriano de educação libertadora. [N.E.]

escola que me permitisse lecionar para estudantes vindos de um contexto pobre e de classe trabalhadora, como havia sido o meu. Meu primeiro emprego como professora assistente integral foi na Universidade Yale. Foi uma experiência de ensino incrível, porque os estudantes que vinham para as minhas aulas, que as escolhiam, eram diferentes e únicos. Estavam profundamente comprometidos com o aprendizado, empenhados em se destacar academicamente e em fazer um trabalho rigoroso. Era um prazer ensiná-los.

Quando escolhi dar aulas em uma faculdade estadual grande, muitos dos meus colegas disseram que eu ficaria frustrada com os estudantes, que eu me daria conta de que estaria ensinando em um nível baixo. Essas advertências vieram de colegas que lecionaram em escolas de elite, e foram repetidas pelos novos colegas de trabalho. Achei meus alunos e alunas nessa instituição pública tão brilhantes e abertos ao aprendizado quanto meus amados estudantes de Yale; a diferença residia no nível de autoestima. A baixa autoestima levava muitos estudantes brilhantes do Harlem à autossabotagem. Para mim era muito difícil "perder" estudantes que eram excelentes. Por exemplo: um aluno esforçado e habilidoso, que faz um trabalho excelente, poderia simplesmente parar de ir às aulas por umas semanas. Quando lecionei em faculdades privadas de elite, onde a maioria dos estudantes morava no campus ou próximo a ele, era fácil encontrar o aluno (ainda que isso significasse bater à porta dele, em casa) para tentar entender a situação e resolver o problema. Essa possibilidade poderia não existir em uma faculdade sem dormitório, com os estudantes morando, em geral, a duas ou três horas de distância. Localizar um aluno como esses muitas vezes levava horas.

E, quando o contato era feito, não havia mais tempo para as notas refletirem excelência.

Meus alunos e alunas eram predominantemente estudantes não brancos de contexto pobre e de classe trabalhadora, a maioria deles pais e mães, e muitos deles exercendo o trabalho em tempo integral de pai ou mãe solo, além de terem um emprego e irem à escola. Isso exigia de mim vigilância constante para manter níveis de excelência em sala de aula. Do meu espaço de privilégio de classe (sendo solteira e sem filhos ou filhas), eu sentia um constante pesar por estudantes cujas condições eram difíceis. Era tremendamente difícil encarar a dor e as privações deles e lembrá-los de que escolheram estudar, portanto precisavam dar conta das demandas e responsabilidades exigidas. A função deles, eu dizia, era aprender como fazer um trabalho excelente enquanto lidavam com uma miríade de responsabilidades. E, se não pudessem se destacar, sua função seria dar o melhor de si e aceitar o resultado. Eu também tinha de aceitar o resultado. Assim como era emocionalmente difícil para meus alunos e alunas, era também para a amada professora deles.

Aqui uso a palavra "amada" não por falta de modéstia, mas para descrever a verdade sobre a minha experiência. Eu me sentia amada pela maioria dos meus estudantes. Eles eram gratos a mim porque eu acreditava neles, porque os eduquei para a prática da liberdade, porque os incentivava a se tornarem pensadores críticos capazes de fazer escolhas responsáveis. O apreço deles por meu ensino foi uma força que me manteve compromissada com a sala de aula muito tempo depois de eu sentir que precisava romper, partir. Ensinar com excelência e ser reconhecida por esse trabalho nas excelentes atividades de estudantes é uma experiência verdadeiramente extasiante.

Ao deixar a sala de aula, deixei para trás a intensidade acadêmica e emocional daquela experiência. Eu me identifico com as palavras de Parker Palmer:

> Assim como os bons professores tecem a trama que os une aos estudantes e aos conteúdos, o coração é o tear onde os fios são testados, a tensão se mantém, a lançadeira transporta o carretel e o tecido é bem esticado. Não surpreende, então, que o ensino toque no coração, que o abra, até mesmo quebrando-o — e, quanto mais se ama ensinar, mais comovente isso pode ser. A coragem de ensinar é a coragem de manter o coração aberto naqueles momentos em que se exige do coração aguentar mais do que ele é capaz, para que professores e estudantes e conteúdos possam ser tecidos dentro da trama da comunidade que o aprendizado e a vivência requerem.

Qualquer professor que ensina com prazer necessita ter coragem para aceitar períodos de esgotamento e reagir a eles, para acolher a dor da perda e da separação.

Para usar outra das minhas metáforas com esporte, eu costumava me sentir como aquela jogadora que ameaça se aposentar, mas nunca o faz. Ou que até se aposenta, mas depois volta. Ao notar que estava ficando desestimulada e cansada de lecionar, eu sabia que era o momento de fazer uma pausa ou mesmo de deixar a sala de aula para sempre. Ainda assim, era difícil aceitar que eu podia ser uma ótima professora, que podia amar os estudantes e ao mesmo tempo sentir uma necessidade desesperada de largar o mundo acadêmico em todas as suas ramificações. Trabalhar com o mundo acadêmico corporativo tradicional, em que as metas primordiais das instituições são vender educação e construir uma classe gerencial profissional formada na arte da obediência à autoridade e que aceita uma hierarquia baseada na dominação, fazia com que eu voltasse à família disfuncional da minha infância, na qual eu quase sempre ocupava as posições de pária e bode expiatório e era vista tanto como louca quanto como ameaça. Para recuperar meu senso de integridade total como indivíduo, eu precisava deixar a academia, a fim de tirar da minha vida a constante pressão para me adaptar ou para aguentar a punição por não estar em conformidade.

Eu usava meus períodos de licença para avaliar se conseguiria sobreviver mesmo com a queda brusca de renda caso deixasse meu emprego. Durante os primeiros seis meses ausente da academia, da sala de aula, tive um profundo sentimento de perda. Por mais de vinte anos, os ritmos da minha vida foram ditados por inícios e fins de semestre, pelos feriados escolares e pelas férias de verão. De repente, eu estava num mundo em que todo dia era dia de folga. E isso não me soou empoderador. Precisava encarar viver sem a magia da sala de aula e da cuidadosa comunidade de aprendizes na qual eu tinha estado inserida durante a maior parte da vida adulta, sendo sempre ou aluna, ou professora. Como muitas pessoas aposentadas, de repente me senti como se tivesse sido eliminada de um sistema que até então fora uma forma de sobrevivência. Sem ele, a vida parecia ser menos interessante, menos satisfatória. Eu era a professora solitária, a professora encarando a si mesma como o estudante que precisa planejar uma nova jornada para si. Lecionar preencheu enormes lacunas na minha vida, e meu engajamento com estudantes era um espaço de intensidade emocional e intimidade que foi profundamente alterado com a minha saída da sala de aula.

De início, passei meses refletindo sobre onde precisava estar. Eu me demorei naquele espaço de contemplação que Palmer define como "um vazio interior em que uma nova verdade, frequentemente estranha e perturbadora, pode emergir". Em *The Active Life* [A vida ativa], Palmer escreveu sobre o empoderamento que pode emergir quando mudamos uma posição estabelecida, quando nos deslocamos, explicando:

> Se a desilusão é uma das formas naturais de contemplação da vida, a experiência do deslocamento é outra. Isso acontece quando somos forçados pela circunstância a ocupar um ponto de vista muito diferente do nosso habitual, e nosso ângulo de visão de repente muda para revelar um horizonte estranho e ameaçador [...]. O valor do deslocamento, assim como o valor da desilusão, está no caminho que nos move para além da ilusão, para que possamos ver a realidade ao redor — já que o que somos capazes de enxergar depende inteiramente do lugar em que estamos.

Distante da sala de aula corporativa da universidade, do ensino em um contexto centrado no diploma, fui capaz de focar mais a prática de ensino e aprendizagem. Comecei a refletir principalmente sobre aquelas formas de ensinar e aprender que acontecem fora do contexto de uma sala de aula.

Apesar de criticar o modelo de educação bancária, fui inadvertidamente seduzida pela noção de que o tempo estabelecido dentro da sala de aula é o veículo mais eficiente para ensinar e aprender. Deslocada, com tempo disponível para refletir sobre estar fora da sala de aula estruturada, comecei a pensar em novas maneiras de estar imersa no ensino. Deslocamento é o contexto perfeito para um pensamento de fluxo livre que nos permite mover além do confinamento restrito de uma ordem social conhecida.

Assim como muitos indivíduos que buscam um novo caminho, ponderei sobre o que faria no mundo do ensino e da aprendizagem se fosse livre para criar e escolher. Minha primeira percepção foi a de que eu não queria lecionar em ambientes onde os estudantes não estivessem inteiramente comprometidos com nossa experiência de aprendizado compartilhado. Não queria lecionar em ambientes onde as pessoas precisassem receber uma nota. Para mim, o melhor contexto de ensino era, obviamente, aquele em que os estudantes escolhem ir às aulas porque querem aprender comigo e uns com os outros. Em vez de ensinar por semestres, eu queria estar imersa em oficinas de aprendizagem curtas e intensas, onde a atenção estivesse concentrada e focada. Queria ensinar sobre ensino, sobre como o ambiente de sala de aula pode ser um lugar onde nós todos aprendemos a prática da liberdade. Ensinar e aprender no caminho da justiça, da paz e do amor, da criação e da manutenção de uma comunidade acadêmica e/ou intelectual se tornaram metas profissionais que eu queria perseguir. E, quando comecei a falar sobre esses desejos, algumas pessoas reagiram com propostas de emprego.

Quando meus dois anos de licença acabaram, pedi demissão. Relutante, me soltei da rede de segurança da estabilidade de emprego e das interações organizadas com colegas educadores. Deixar meu emprego acadêmico me fez temer que, como intelectual em uma sociedade anti-intelectual, eu ficaria ainda mais isolada.

Ser intelectual não significa ser acadêmica. Nossa sociedade apoia tremendamente a participação na vida acadêmica daquelas pessoas que já fazem parte desse mundo. De fato, como muitos de nós que estão a par das incontáveis discussões sobre as diferenças entre a academia e o chamado mundo "real" já sabem, muitos professores e professoras se veem como membros de um grupo seleto, uma grande sociedade secreta, elitista e hierárquica que os seleciona. Mesmo que faculdades e universidades tenham uma infraestrutura corporativa, esse poder quase sempre é mascarado. A maioria do corpo docente escolhe a negação em vez da consciência atenta sobre como políticas econômicas nuas e cruas moldam os ambientes acadêmicos.

Como intelectual que trabalha como acadêmica, frequentemente senti que meu comprometimento com a abertura e a devoção radicais ao pensamento crítico, com a busca pela verdade, era incompatível com a necessidade de sustentar o *status quo* caso eu quisesse ser reconhecida. Minha integridade estava em risco no mundo acadêmico tanto quanto esteve no mundo de trabalho não acadêmico, onde se espera que os trabalhadores obedeçam à autoridade e sigam regras estabelecidas. Enquanto se fala demais sobre liberdade de expressão no ambiente acadêmico, na verdade predomina uma censura constante — muitas vezes autoimposta. Professores e professoras temem não ser promovidos ou, na pior das hipóteses, perder o emprego. Ainda assim, em nossa sociedade, o mundo acadêmico permanece como o principal lugar onde ensino e aprendizagem são valorizados, onde ler e pensar são considerados trabalhos importantes e necessários. Essa validação, ainda que limitada em escopo, oferece afirmação e sustentação a acadêmicos e/ou intelectuais em uma cultura não intelectual.

Ao cortar meus laços de segurança com instituições acadêmicas, encarei o desafio de encontrar e criar espaços nos quais pudesse ensinar e aprender fora da norma. Como muitos professores, eu inocentemente acreditava que, quanto mais subisse os degraus acadêmicos, mais liberdade ganharia; contudo, descobri que, quanto maior o sucesso acadêmico, maior a pressão para se adaptar, para se aliar a metas e valores institucionais, e não ao trabalho intelectual. Senti que tinha muita sorte por ter conseguido ser bem-sucedida no mundo acadêmico como uma pensadora dissidente radical. Meu sucesso, como o de outros intelectuais sortudos cujas ideias vão contra a norma, era um constante lembrete para o fato de que não há sistemas fechados, que todo sistema tem uma lacuna e que esse espaço é um lugar de possibilidade. Por toda a nossa nação, vemos que instituições conservadoras e repressoras são o berço profissional dos raros indivíduos que não estão em conformidade, que são comprometidos com a educação como prática de liberdade.

Em busca de lugares fora do ambiente da educação formal para ensinar e aprender, descobri ser possível fazer intervenções críticas de inúmeras formas. Comecei com visitas a escolas públicas, incentivada sobretudo pela família e pelos amigos. Minha irmã G., professora do ensino fundamental em Flint, Michigan, sempre me incentivou a ir conversar com seus estudantes. Como muitas pessoas acostumadas a lecionar apenas em ambiente universitário, eu me sentia à vontade conversando com adultos e ensinando-os, mas receava não ter habilidade para me engajar em um diálogo significativo com crianças. Após me convencer de que aquilo era bobagem, de que eu seria capaz de realizar aquela tarefa, G. me largou em sua sala de aula e em auditórios cheios de crianças do terceiro e do quarto ano. Esse foi um trabalho desafiador. E não foi remunerado. Essa experiência e muitas outras que vieram depois me fizeram ver que, se uma pessoa aceita trabalhar sem remuneração, há muitos ambientes de educação formal nos quais intervenções informais de ensino serão bem-vindas.

Nos últimos anos, tenho realizado trabalho remunerado dentro de vários ambientes formais de educação. Oferecer cursos intensivos com duração de uma semana ou um mês para professores e estudantes foi (e ainda é) uma forma de me engajar na educação como prática da liberdade sem restrições ou medo de reprimendas punitivas. É uma experiência extremamente gratificante. Eu entendo muito bem a afirmação de Palmer: "Sou, em essência, professor, e existem momentos na sala de aula em que é impossível segurar a alegria". Deixar um cargo estável de alto escalão me abriu novos espaços para ensinar e aprender. Isso não só renovou e reconfigurou meu espírito, como também me permitiu me apoiar num prazer de ensinar que faz meu coração feliz.

ensinamento 3
conversa sobre raça e racismo

Professores costumam estar naquele grupo mais relutante em reconhecer a extensão da influência do pensamento supremacista branco na construção de cada aspecto de nossa cultura, incluindo a maneira como aprendemos, o conteúdo do que aprendemos e o modo como somos ensinados. Muito do processo de conscientização em relação à questão da supremacia branca e do racismo está voltado a ensinar como o racismo é e como ele se manifesta no nosso dia a dia. Em oficinas e seminários antirracistas, a maior parte do tempo é usada simplesmente para romper a negação que leva muitas pessoas brancas não conscientes, assim como pessoas de cor, a fingir que o pensamento e a ação racistas e de supremacia branca já não prevalecem em nossa cultura.

No ambiente de sala de aula, tenho ouvido grupos de estudantes me dizerem que o racismo não molda mais os contornos de nossa vida, que não existem mais coisas como diferença racial, que "somos todos apenas pessoas". Então, poucos minutos depois, proponho a eles um exercício. Pergunto: se estivessem prestes a morrer e pudessem escolher voltar à vida como um homem branco, uma mulher branca, uma mulher negra ou um homem negro, qual identidade escolheriam? Toda vez que faço esse exercício, a maioria, independentemente de gênero e raça, sempre escolhe a branquitude e, em geral, a masculinidade branca. Mulheres negras são as menos escolhidas. Quando peço aos estudantes que justifiquem sua resposta, eles fazem uma análise sofisticada sobre o privilégio baseado em raça (com perspectivas que levam em consideração gênero e classe). Essa desconexão entre o repúdio consciente à raça como indicação de privilégio e a compreensão inconsciente é uma lacuna que precisamos eliminar, uma ilusão que precisa ser suprimida antes que um debate significativo sobre raça e racismo aconteça. Esse exercício ajuda alunos e alunas a superar a negação da existência do racismo. Nos permite começar a trabalhar juntos por uma abordagem menos tendenciosa do conhecimento.

Ao ensinar, palestrar, viabilizar oficinas e escrever sobre como dar fim ao racismo e a outras formas de dominação, tenho sentido que confrontar preconceitos raciais — e, mais importante, o pensamento supremacista branco — em geral requer de todos nós um olhar crítico sobre o que aprendemos na infância acerca da natureza da raça. Essas impressões iniciais parecem marcar fundo os comportamentos relacionados à raça. Em grupos de escrita, em geral, começamos com nossa primeira ideia consciente sobre esse assunto. Explorar nossos entendimentos mais primários do que é raça facilita pensar sobre a questão do lugar de fala. Ao se moverem da negação para a consciência racial, pessoas brancas de repente percebem que a cultura supremacista branca as encoraja a negar seu entendimento sobre raça, a reivindicar, como parte de sua superioridade, que estão *além* do pensamento sobre o assunto. Ainda assim, quando a negação cessa, torna-se nítido que por baixo da pele a maioria das pessoas tem uma consciência íntima das políticas de raça e racismo. Elas aprenderam a fingir que isso não existe para assumir a postura de vulnerabilidade aprendida.

Passou a ser moda, e por vezes lucrativo, pessoas brancas em ambientes acadêmicos pensando e escrevendo sobre raça. É como se o próprio ato de pensar sobre a natureza da raça e do racismo fosse ainda visto como trabalho sujo destinado às pessoas negras e outras pessoas de cor, ou como forma privilegiada de ativismo de brancos e brancas pela causa antirracista. Pessoas negras/de cor que falam muito sobre raça são frequentemente descritas pela mentalidade racista como indivíduos que estão "apelando para a cartada da raça" — observe como a expressão banaliza a discussão sobre o racismo, sugerindo que tudo isso é apenas um jogo — ou simplesmente como neuróticos e neuróticas. Pessoas brancas que falam sobre raça, porém, são em geral representadas como patronos, como seres civilizados superiores. Ainda assim, suas ações são apenas outra indicação do poder supremacista branco, algo do tipo: "Somos tão mais civilizados e inteligentes do que as pessoas negras/de cor que sabemos mais do que elas tudo o que se pode entender sobre raça".

O simples fato de falar sobre raça, supremacia branca e racismo pode fazer com que uma pessoa seja estereotipada, excluída, colocada na base da cadeia alimentar no sistema existente de supremacia branca. Então, não é de surpreender que essa fala se torne um exercício de impotência, devido à maneira como é filtrada e mediada por aqueles que detêm o poder de controlar o discurso público (por meio da edição, da censura, dos modos de representação e da interpretação). Ao passo que mais indivíduos na cultura contemporânea falam sobre raça e racismo, o poder desse discurso tem sido diminuído pela reação racista que o torna trivial, não raro representando-o como mera histeria.

Pessoas negras/de cor costumam relatar situações em que enfrentam discursos racistas em reuniões ou em outros contextos formais, apenas para em seguida assistir à maioria dos presentes se apressando para consolar o indivíduo racista, como se ele fosse a vítima, e a pessoa que levantou a questão, opressora. Portanto, não à toa, ainda que discussões sobre supremacia branca e racismo tenham se tornado bastante comuns em produções acadêmicas individuais e em reportagens, a maioria das pessoas está cautelosa, se não com medo mesmo, em discutir esses assuntos em grupo, sobretudo entre estranhos. Muita gente me diz que não compartilha aberta e sinceramente sua posição sobre o pensamento supremacista branco e racista por medo de dizer a coisa errada. Mas, quando essa justificativa é questionada, ela geralmente se revela como um disfarce para o medo de conflito, a crença de que dizer algo errado gerará tensão, mágoa ou levará a um contra-ataque. Grupos com maioria de pessoas brancas insistem que raça e racismo no fundo não significam grande coisa no mundo atual — afinal, estamos muito além dessa questão. Então pergunto a elas por que têm tanto medo de falar o que pensam. Seu medo, seu silêncio censurador são indicativos da carga significativa que raça e racismo têm em nossa sociedade.

Uma das ironias mais amargas que os antirracistas enfrentam quando trabalham para acabar com pensamentos e ações de supremacia branca é que as pessoas que mais os disseminam são indivíduos que usualmente estão menos abertos a reconhecer que a raça importa. Em quase todos os meus escritos sobre os tópicos relacionados a raça, deixo nítida a preferência pelo uso do termo "supremacia branca" para descrever o sistema de preconceitos de raça no qual vivemos, pois esse termo, mais do que "racismo", inclui todo mundo. Ele engloba pessoas negras e de cor cuja mentalidade é racista, ainda que organizem o pensamento e ajam de forma diferente das pessoas brancas racistas. Por exemplo: uma mulher negra que internalizou o racismo talvez alise os cabelos para se parecer mais com as mulheres brancas. Ainda assim, essa mesma mulher pode ficar enfurecida se qualquer pessoa branca a elogiar por querer ser branca. Ela talvez confronte essa pessoa por ser racista enquanto permanece em negação completa sobre sua devoção à concepção de beleza supremacista branca. Pode ser tão difícil para essa pessoa superar a negação sobre seu conluio com o pensamento supremacista branco quanto é tentar criar consciência numa pessoa branca racista. A maioria dos habitantes de nossa nação se opõe a atos terroristas e violentos de manifestação racista. Somos uma nação de cidadãs e cidadãos que afirmam querer ver o fim do racismo, da discriminação racial. Está nítido, porém, que há uma lacuna fundamental entre teoria e prática. Não é de estranhar, portanto, que tem sido mais fácil para todos em nossa nação aceitar um discurso crítico escrito sobre racismo, que geralmente é lido apenas por aqueles que têm algum grau de privilégio educacional, do que criar caminhos construtivos para falar sobre supremacia branca e racismo e encontrar ações construtivas que vão além do discurso.

Nos últimos anos, à medida que os debates sobre raça e racismo foram aceitos em ambientes acadêmicos, pessoas negras/de cor ficaram, até certo ponto, psicologicamente aterrorizadas com a distância bizarra entre teoria e prática. Por exemplo: uma professora branca bem-intencionada pode escrever um livro relevante sobre intersecções entre raça e gênero, mas continuar permitindo que preconceitos racistas influenciem a maneira como ela responde pessoalmente a mulheres de cor. Talvez ela tenha uma noção pretensiosa de si mesma, ou seja, a confiança de que é antirracista sem se manter atenta às conexões que transformariam seu comportamento e não apenas seu pensamento. Quando o assunto é raça e racismo, muita gente um dia inocentemente acreditou que, se pudéssemos mudar a maneira de pensar das pessoas, mudaríamos o comportamento delas. Normalmente, esse não tem sido o caso. Mas não devemos nos desmotivar por isso. Em uma cultura de dominação, quase todo mundo reproduz comportamentos que contradizem suas crenças e valores. É por esse motivo que alguns sociólogos e psicólogos estão escrevendo sobre a realidade de que em nossa nação as pessoas mentem cada vez mais sobre todo tipo de coisa, grande e pequena. Essas mentiras conduzem a modos de negação que impedem os indivíduos de distinguir fantasia de fato, sonho de realidade.

Ainda que a vontade de ver o fim do racismo seja um aspecto positivo da nossa cultura, paradoxalmente é esse desejo sincero que subjaz à persistência da falsa noção de que o racismo acabou, de que esta não é uma nação supremacista branca. Em nossa cultura, quase todo mundo, não importa a cor da pele, associa a supremacia branca ao fanatismo conservador extremo, com os skinheads nazistas que pregam todos os velhos estereótipos do racismo puritano. Mesmo assim, esses grupos extremistas raramente ameaçam nosso cotidiano. São as crenças e os pressupostos supremacistas brancos menos extremos, mais fáceis de disfarçar ou mascarar, que mantêm e disseminam o racismo diário como forma de opressão de um grupo.

Uma vez que consigamos enfrentar a miríade de maneiras como o pensamento supremacista branco molda nossas percepções diárias, poderemos entender por que brancos liberais comprometidos com o fim do racismo talvez mantenham crenças e concepções cuja raiz está na supremacia branca. Podemos também encarar o modo como pessoas negras/de cor, consciente ou inconscientemente, internalizam o pensamento supremacista branco. Em uma aula que dei nos últimos tempos, debatemos sobre uma palestra minha em que muitos estudantes brancos expressaram com vaias seu desprezo pelas ideias que expus e pela minha presença. Desafiei o grupo a considerar que o que eu estava dizendo não era tão perturbador para eles quanto a minha presença incorporada em uma aparência jovem, de uma mulher negra com cabelos naturais trançados. Eu mal havia terminado esse comentário quando um homem branco, liberal, membro daquele grupo, atacou dizendo: "Você está apelando para a cartada da raça". A resposta defensiva e imediata dele é a reação costumeira quando uma pessoa negra/de cor faz um comentário sobre a dinâmica diária de raça e racismo, sexo e sexismo que não condiz com as percepções privilegiadas de pessoas brancas.

Entender o grau em que o privilégio de classe intervém em percepções sobre raça e as molda é vital para qualquer discurso público sobre esse assunto, porque as pessoas mais privilegiadas de nossa nação (sobretudo com poder de classe) muitas vezes são as menos abertas a falar honestamente sobre preconceitos raciais. Trabalhadores e trabalhadoras brancos costumam falar com bastante eloquência sobre como pressupostos racistas alimentam nossas percepções e ações todos os dias, enquanto pessoas brancas vindas de classes privilegiadas continuam na dança da negação, fingindo que privilégios de classe compartilhados intervêm ou transformam o racismo. Expliquei ao grupo que uma das manifestações da vida cotidiana em um patriarcado supremacista branco capitalista imperialista é que a vasta maioria das pessoas brancas tem pouca intimidade com pessoas negras e raramente está em situações em que precisa ouvir pessoas negras (sobretudo mulheres negras) falando por trinta minutos. De fato, não existiam professores negros nem quando eu era aluna da graduação em inglês nem quando era estudante da pós-graduação. Não me ocorreu procurar professoras negras em outras disciplinas. Eu aceitava essa ausência.

Compartilhei com a turma que, no meu cotidiano como integrante das classes mais altas, morando sozinha num bairro predominantemente branco e trabalhando em ambientes predominantemente brancos, tenho pouco contato orgânico com mulheres negras. Se eu quisesse falar com elas ou ouvi-las, teria de me esforçar. E eis aqui um homem branco de classe alta, vivendo em um mundo predominantemente branco, dizendo que homens brancos não têm dificuldade de ouvir mulheres negras dando uma aula a eles, expressando crenças e valores que colidem com os seus. Pedi ao grupo para refletir sobre o motivo de a resposta às minhas ideias iniciais sobre como é raro pessoas brancas precisarem ouvir mulheres negras não ter sido esta: "Meu deus! Nunca tinha pensado sobre como a raça determina a quem ouvimos, a quem aceitamos como autoridade". Teria sido interessante se o colega branco que discordou de mim com tanta veemência mantivesse seus comentários até o momento em que dedicasse ao assunto a atenção devida e fosse capaz de apresentar razões coerentes para discordar da minha afirmação. Ao me avaliar (ou seja, sugerindo que eu estava sendo falsa e "apelando para a cartada da raça"), ele evitou ter de apresentar razões fundamentadas em fatos e/ou experiências que ele interpretou de maneira diferente de mim. A resposta dele personalizou uma observação que não considero pessoal.

Dada a natureza do patriarcado supremacista branco capitalista imperialista como um sistema que molda a cultura e as crenças, é fato que a maioria das pessoas brancas raramente está, se é que está em algum momento, em situações em que precise ouvir mulheres negras falando. Mesmo as pessoas brancas que têm trabalhadoras domésticas negras em casa diariamente não as escutam falar. Essa realidade foi dramatizada em *Imitação da vida*, sucesso de bilheteria do fim da década de 1950. No filme, Lora, mulher branca e rica, vai ao funeral de sua empregada negra, Annie, e fica impressionada com o fato de que Annie tinha amigos, era bastante querida na igreja e tudo o mais. Certamente, as biografias e autobiografias das mulheres brancas que foram criadas por empregadas negras são carregadas de testemunhos sobre o fato de que elas não dialogavam com essas mulheres, não as ouviam contar suas histórias nem compartilhar informações.

Vivemos em um mundo de privilégio de classe que permanece não democrático e discriminatório, de tal maneira que as pessoas negras de classe alta em ambientes brancos ficam isoladas e precisam se esforçar para ouvir mulheres negras conversando e/ou palestrando por trinta minutos. Meu relato sincero desse evento foi uma intervenção importante que criou uma pausa na cabeça daqueles estudantes que não estavam com a mente fechada. Eles puderam refletir sobre meus comentários e relacioná-los à própria vida. Puderam se questionar: "A quem eu escuto?" ou "As palavras de quem valorizo?". Citei Oprah Winfrey como exemplo de mulher negra que todos os dias comanda a atenção de uma multidão de pessoas brancas; ainda assim, o papel dela é geralmente de comentarista. Ela escuta e interpreta o discurso dos outros. É raro que ela expresse sua opinião pessoal sobre um assunto por mais do que alguns minutos, quando o faz. De muitas formas, ela é vista pelo imaginário racista como uma empregada doméstica/*mammy*[10] (nada diferente de Annie em *Imitação da vida*), cujo maior objetivo é garantir que pessoas brancas possam ter a melhor vida possível. Lembrem-se de que por quinze anos, em todos os natais, Annie dava ao velho leiteiro seu dinheiro suado, fingindo que tinha vindo da mulher branca rica e egoísta. Esse era o jeito de Annie ensinar por meio do exemplo. A motivação dela é tornar Lora uma pessoa melhor e, obviamente, ao fazer isso, ela revela a pessoa boa que é.

Annie é a mulher negra que sabe que seu papel é ser subordinada e servir; ela serve com complacência, dignidade e graça. Não confronta a senhora branca com ideias e perspectivas críticas que as mulheres brancas não querem ouvir. Esse é o modelo que o imaginário racista e sexista reserva às mulheres negras. Esse modelo é reproduzido atualmente em quase toda representação hollywoodiana de mulheres negras. Não é de estranhar, então, que muitas pessoas brancas achem difícil "ouvir" uma mulher negra crítica falando de ideias e opiniões que ameacem seu sistema de crenças. No debate em sala de aula, alguém ressaltou que um homem branco poderoso dera uma palestra semelhante, mas não recebeu críticas verbais negativas

---

10. O termo *mammy* corresponde, em português, a "mãe preta". Trata-se de um estereótipo machista e racista que retrata as mulheres negras como cuidadoras passivas, mães que se doam sem esperar qualquer coisa em troca e amam os brancos, reconhecendo que são inferiores a eles. [N.E.]

nem desdenhosas. Não que os ouvintes tenham concordado com o que ele disse; eles acreditavam que ele tinha direito de expressar seu ponto de vista.

É comum que estejamos em ambientes em que somos as únicas pessoas negras/de cor presentes. Em tais contextos, pessoas brancas sem consciência muitas vezes nos tratam como se fossem anfitriãs, e nós, convidadas. Agem como se nossa presença fosse muito mais uma caridade filantrópica do que consequência de nosso talento, atitude e genialidade. Pensando dessa forma, veem nossa presença sobretudo como prova de sua generosidade; isso diz ao mundo que elas não são racistas. No entanto, a própria noção de que estamos lá para servi-las é, em si, expressão do pensamento supremacista branco. No cerne do pensamento supremacista branco nos Estados Unidos e em qualquer outro lugar está o pressuposto de que é natural para as raças inferiores (pessoas mais escuras) servir às raças superiores (em sociedades onde não há pessoas brancas, pessoas de pele mais clara devem ser servidas por pessoas de pele mais escura). Imbuída nessa noção de servidão está a ideia de que, não importa o status da pessoa de cor, sua posição precisa ser reconfigurada para o bem da branquitude.

Esse foi um dos aspectos do pensamento supremacista branco que tornaram a integração racial e a diversidade palatáveis para pessoas brancas. Para elas, a integração significava ter acesso a pessoas de cor que ou dariam um tempero a mais à sua vida (o tipo de serviço que denominaríamos "performance do exotismo"), ou proporcionariam as ferramentas necessárias para perpetuar a dominação baseada em raça (por exemplo: estudantes universitários de origem branca e privilegiada que viajam ao "Terceiro Mundo" para aprender espanhol ou suaíli "por diversão", mas depois essa habilidade se revela útil na busca por um emprego). Repetidas vezes em sala de aula, estudantes brancos que se preparavam para estudar ou viver por um breve período em países não brancos falavam das pessoas desses lugares como se elas existissem apenas para incrementar a experiência branca. De fato, essa visão não difere daquela que crianças brancas absorviam assistindo na TV ao seriado racista *Tarzan* ("torne-se nativo e melhore sua vida"). O poeta da geração *beat* Jack Kerouac expressou seus sentimentos de um jeito bem moderno: "O melhor que o mundo branco me ofereceu não foi suficientemente arrebatador para mim". Assim como muitos brancos não conscientes, na maioria liberais, viam e veem suas interações com pessoas de cor por meio de ações afirmativas como um investimento que vai melhorar sua vida ou até mesmo aumentar sua superioridade orgânica, muitas pessoas de cor, formadas na arte do pensamento supremacista branco internalizado, compartilham dessa concepção.

A escritora chinesa Anchee Min capturou muito bem a essência dessa exaltação à branquitude em *Katherine*, romance sobre uma jovem professora branca que vai à China carregada de um sedutor imperialismo cultural. Ao descrever a um de seus estudantes sua percepção de que os chineses são pessoas cruéis (certamente esse era um dos estereótipos racistas na América pré-século XX), ela provoca a admiração de um de seus pupilos chineses, que confessa:

O jeito dela de pensar me tocou. Era algo que eu havia esquecido ou que, talvez, nunca soubesse. Ela abriu as pétalas do meu coração amargurado. Uma flor que eu não sabia existir começou a desabrochar dentro de mim [...]. Katherine estendeu minha vida para além de suas circunstâncias. Foi o tipo de pureza que ela preservou que me emocionou.

A mulher branca como símbolo de pureza continua a dominar o imaginário racista globalmente. Nos Estados Unidos, Hollywood segue projetando essa imagem, usando-a para afirmar e reafirmar o poder da supremacia branca.

Quando pessoas de cor tentam intervir de forma crítica e se opor à supremacia branca, sobretudo em torno do assunto da representação, quase sempre somos colocados de lado como quem está forçando uma visão politicamente correta restrita, ou apenas somos rotulados como mal-humorados. Escrevendo sobre apropriação cultural em *English is Broken Here* [Aqui o inglês é precário], Coco Fusco explica:

> Eu e muitos outros criados num contexto de ações afirmativas fomos socializados para identificar o racismo como característica exclusiva de pessoas ignorantes e reacionárias, sobretudo velhas, e isso funcionou para desviar nossa atenção de como a branquitude funciona no presente [...]. Abordar o espectro do racismo no aqui e agora, sugerir que, apesar de suas crenças políticas e orientações sexuais, pessoas brancas atuam dentro das estruturas sociais de supremacia branca e se beneficiam delas, ainda equivale a uma declaração de guerra.

Quando a supremacia branca é desafiada e enfrenta resistência, pessoas de cor e nossos aliados de luta enfrentam a censura que emerge quando os detentores do poder de dominação nos dizem: "Você é radical, você que é racista, está apelando para a cartada da raça". É evidente que a ironia está justamente no fato de que não nos foi permitido jogar com a raça; somos apenas peões nas mãos daqueles que inventam os jogos e determinam as regras.

Toda pessoa negra e de cor é conivente com o sistema em voga de maneiras sutis todos os dias, mesmo aquelas entre nós que se veem como antirracistas radicais. Essa cumplicidade acontece simplesmente porque somos todos produtos da cultura em que vivemos e fomos todos sujeitos às formas de socialização e aculturamento consideradas normais em nossa sociedade. Ao cultivar a consciência e a descolonização do pensamento, conseguimos as ferramentas para romper com o modelo dominador da sociabilidade humana e do desejo de imaginar novas e diferentes formas de as pessoas se unirem. Martin Luther King imaginou uma "comunidade amorosa", criando uma concepção de mundo onde as pessoas se conectariam com base na humanidade compartilhada. Sua percepção permanece. King nos ensinou que o simples ato de se unir fortaleceria a comunidade. No entanto, antes de ser assassinado, ele começava a perceber que desaprender o racismo exigiria mudança tanto de pensamento quanto de ação, e que as pessoas poderiam concordar em se unir, independentemente da raça, mas não formariam uma comunidade.

Construir comunidade exige uma consciência vigilante do trabalho que precisamos fazer continuamente para enfraquecer toda socialização que nos leva a ter um comportamento que perpetua a dominação. Um *corpus* em teoria crítica hoje está disponível para explicar a dinâmica do racismo e do pensamento supremacista branco. Mas apenas explicações não nos levam à prática da comunidade amorosa. Quando tomamos a teoria, as explicações, e as aplicamos concretamente à vida cotidiana, às experiências, ampliamos e aprofundamos a prática da transformação antirracista. Em vez de apenas aceitar que o poder de classe muitas vezes me situa em um mundo onde tenho pouco ou nenhum contato com outras pessoas negras, sobretudo indivíduos de classes desprivilegiadas, eu, como pessoa negra com privilégio de classe, posso ativamente buscar essas relações. Na maioria das vezes, preciso me esforçar para ampliar meu universo social. Nos últimos anos, pessoas brancas conhecidas que sempre se viram como antirracistas adotaram crianças de cor e perceberam (o que deveria ser evidente) que não tinham amizades íntimas com pessoas de cor. Elas precisam fazer uma desconstrução ativa de seu pensamento supremacista branco (que diz que você é superior devido à branquitude e, portanto, mais bem preparado para criar uma criança não branca do que qualquer pessoa de cor) procurando criar relações com maior diversidade racial.

Recorrentemente, noto pessoas brancas conhecidas desaprendendo a supremacia conforme se conscientizam de que têm pouco contato com pessoas não brancas; elas abrem os "olhos" e enxergam que sempre existiram pessoas não brancas ao redor que elas não "tinham visto" quando sua percepção estava bloqueada pelo privilégio branco vindo de instituições racistas. Repetidas vezes, faço trabalhos antirracistas em faculdades de artes que dizem ser "exclusivamente brancas" e então descubro que os funcionários da equipe de suporte e de serviço, na maioria, são pessoas não brancas. A presença de pessoas negras/de cor que não são vistas como companheiras de classe é facilmente ignorada em um contexto em que a identidade privilegiada é a branca. Quando paramos de pensar e de avaliar pelos parâmetros da hierarquia e conseguimos valorizar todos os membros de uma comunidade, rompemos uma cultura de dominação. A supremacia branca é restabelecida com facilidade quando as pessoas descrevem comunidades de estudantes e faculdades como "exclusivamente brancas" em vez de afirmar sua diversidade, mesmo que esteja evidente apenas pela presença de poucos indivíduos. O trabalho antirracista requer de todos nós vigilância sobre as maneiras como usamos a linguagem. O pensamento excludente é importante para a manutenção do racismo e de outras formas de opressão de grupo. Sempre que usamos a lógica inclusiva "ambos/e", estamos mais bem situados em construir comunidade.

Imagine a diferença: em um campus, escuto que as pessoas brancas continuam sendo o maior grupo, mas tornam-se diversas devido à presença de pessoas não brancas, e que a maioria deseja diversidade. Em outro campus, escuto que "somos todos brancos", o que nega o valor da presença de pessoas de cor, não importando quão reduzido esse grupo seja. A linguagem que usamos para expressar essas ideias, em um primeiro momento, é incômoda, mas, quando adotamos uma linguagem mais inclusiva e normalizamos seu uso, esse desconforto diminui. Muitos pensamentos e ações de supremacia branca que inconscientemente aprendemos vêm à tona em comportamentos habituais. Portanto, é desse comportamento que devemos nos tornar conscientes, e precisamos trabalhar para transformá-lo. Por exemplo: muitas mães negras me perguntam o que fazer quando seus filhos chegam da escola dizendo que querem "ser transformados em pessoas brancas". Em geral, essas mulheres compartilham que fizeram tudo para estimular o amor pela negritude. No entanto, em todos os casos, elas procuram mudar a própria aparência para parecer mais claras ou alisam os cabelos.

Em todos os casos, a pessoa resiste à ideia de que a criança enxerga sua hipocrisia, de que essa criança parte do seguinte pressuposto: "Se eu não consigo ser vista como uma pessoa bonita, aceitável e digna nem por minha mãe, então aquele mundo mais amplo que todos os dias me diz que branco é melhor deve estar certo". Essa é a citação exata de uma linda aluna negra, com aproximadamente vinte anos, que compartilhou ser isso que ela costumava dizer a si mesma. E já adulta, quando pessoas dizem o quanto ela é bonita, essa é a mensagem que sua voz interior transmite como lembrete. Mesmo que muitos estudiosos e intelectuais ridicularizem a autoajuda, é uma área importante no processo de autorrecuperação para as mentes racialmente colonizadas. Falar todos os dias em voz alta afirmações que mudem mensagens tóxicas há muito tempo internalizadas é uma estratégia útil para limpar a mente. Isso promove uma consciência vigilante sobre os modos pelos quais o pensamento supremacista branco (diariamente codificado no mundo da propaganda, em comerciais, imagens de revista etc.) entra em nosso sistema e nos dá poder para romper seu domínio sobre nossa consciência.

Quando decidi escrever livros sobre amor, assumi que meu público seria composto por leitores de qualquer raça que estivessem interessados pelo tema. Contudo, quando negociei com quem toma as decisões no mercado editorial, pediram que eu identificasse qual público seria. Explicaram que poderia ser difícil atrair leitores brancos, pois eles me associavam à libertação negra. Acreditei que poderia transcender o consumo baseado em raça que é a norma em nossa sociedade. (Se um filme tem apenas personagens brancos, presume-se que será promovido para todos os consumidores; ele é para todo mundo. No entanto, se o filme tem apenas personagens negros, percebe-se que é direcionado apenas aos espectadores negros.) Quando escrevi *Tudo sobre o amor: novas perspectivas*, nunca identifiquei minha raça no livro, apesar de a foto na quarta capa mostrar minha cor, porque eu queria demonstrar com esse gesto que autores negros que escrevem especificamente sobre raça nem sempre estão apenas interessados nesse assunto. Queria mostrar que somos todos pensadores complexos que podem ser tanto específicos em seu foco quanto universais. O pensamento excludente, que está no coração da supremacia branca baseada no dualismo metafísico ocidental, ensina que as pessoas precisam escolher gostar ou de imagens negras ou de imagens brancas, ou, ainda, enxergar os livros escritos por pessoas brancas como destinados ao público geral, e livros escritos por pessoas negras destinados apenas a pessoas negras. A natureza inclusiva do pensamento "ambos/e" nos permite ser pessoas inclusivas. Quando criança, nunca pensei que Emily Dickinson tivesse escrito seus poemas apenas para leitores brancos (e ela foi, de fato, a primeira poeta cujo trabalho amei). Mais tarde, quando li o trabalho de Langston Hughes, nunca pensei que ele estivesse escrevendo apenas para leitores negros. Ambos os poetas escreveram sobre o mundo que conheciam mais intimamente.

Conforme se intensificou minha consciência sobre o modo como o pensamento supremacista branco molda até mesmo as escolhas de quais livros lemos, dos livros com os quais queremos enfeitar a mesa de centro, desenvolvi estratégias de resistência. Meu segundo livro sobre amor, *Salvation: Black People and Love* [Salvação: pessoas negras e o amor], retratava especificamente as experiências de pessoas negras, e então precisei questionar o uso da expressão *black love* [amor negro] por leitores brancos e negros. Precisei explicar que estava falando sobre as mesmas ideias de amor sobre as quais escrevi no primeiro livro (que ninguém disse ser um livro sobre amor branco), mas agora com foco no impacto que aqueles modos de pensar sobre amor tiveram na consciência de pessoas negras. O pressuposto de que branquitude engloba o que é universal e, portanto, é para todo mundo, enquanto negritude é específica e, portanto, é "apenas para pessoas negras", é pensamento supremacista branco. Ainda assim, muitas pessoas liberais, junto com seus companheiros mais conservadores, pensam dessa forma, não porque sejam pessoas "más" nem porque conscientemente escolheram ser racistas, mas porque inconscientemente aprenderam a pensar dessa maneira. Esse tipo de pensamento, como muitos outros padrões de pensamento e ação que ajudam a disseminar e a manter a supremacia branca, pode facilmente ser desaprendido.

Trinta anos de conversas sobre racismo e supremacia branca, dando palestras e promovendo oficinas antirracistas, me mostraram como é fácil para indivíduos mudar pensamentos e ações quando se tornam conscientes e quando desejam usar aquela consciência para alterar comportamentos. A reação da supremacia branca, que buscou eliminar tanto o legado dos direitos civis quanto o foco sobre a teoria crítica de raça e suas práticas, continua a forçar a noção de que o pensamento racista, sobretudo em mentes brancas, não pode ser alterado. Isso não é verdade. Mas essa falsa concepção ganhou destaque porque não tem havido demonstrações coletivas das massas de pessoas brancas de que elas estejam prontas para acabar com a dominação baseada em raça, sobretudo quando se trata da manifestação diária do pensamento supremacista branco, do poder branco.

Nitidamente, o indicador mais poderoso de que pessoas brancas gostariam de ver o racismo estrutural acabar foi o apoio generalizado da sociedade ao fim da segregação e à integração. Entretanto, o fato de que muitas pessoas brancas não associaram esse apoio ao fim das ações diárias do pensamento supremacista branco tem ajudado o racismo a dominar nossa cultura. Para romper esse domínio, precisamos de um ativismo antirracista contínuo. Precisamos gerar uma consciência cultural maior sobre a dinâmica do pensamento supremacista branco no cotidiano. Precisamos aprender com as pessoas que sabem, porque elas têm vivido uma vida antirracista, o que todo mundo pode fazer para descolonizar a mente, para manter a consciência, mudar o comportamento e criar uma comunidade amorosa.

ensinamento 4
educação democrática

Professores dotados de visão democrática sobre a educação assumem que esse aprendizado nunca está confinado apenas à sala de aula institucionalizada. Em vez de incorporar a falsa concepção de que a universidade não é o "mundo real" e ensinar de acordo com isso, o educador democrático liberta-se da falsa ideia da universidade corporativa como ambiente à parte da vida real e procura repensar o ensino como elemento permanente da experiência de mundo e da vida real. Quando incorporamos o conceito de educação democrática, passamos a enxergar ensino e aprendizagem como constantes. Compartilhamos o conhecimento obtido em salas de aula para além daquele espaço, trabalhando, portanto, para desafiar a concepção de que certas formas de saber são sempre e somente acessíveis à elite.

Quando os professores apoiam a educação democrática, automaticamente apoiam a difusão do letramento. Garantir o letramento é a conexão vital entre o sistema público de ensino e o ambiente universitário. A escola pública é a formação educacional necessária para todo mundo; é dela a tarefa de ensinar estudantes a ler e escrever e, com sorte, a se engajar em alguma forma de pensamento crítico. Assim, todas as pessoas que sabem ler e escrever têm as ferramentas necessárias para acessar um aprendizado superior, mesmo que ele não possa acontecer (e mesmo que de fato não aconteça) em um ambiente universitário. Nosso governo, ao exigir a frequência em escolas públicas, defende as políticas públicas que apoiam a educação democrática. Mas o preconceito elitista de classe quanto ao modo como o conhecimento é transmitido costuma dizer aos estudantes nesses contextos que eles não serão aprendizes sofisticados se não fizerem faculdade. Isso significa que muitos interrompem a prática da aprendizagem porque sentem que aprender não é mais relevante para a vida deles depois que se formam no ensino médio, a menos que planejem cursar uma faculdade. Na escola pública, aprenderam que a faculdade não é o mundo "real", que o aprendizado da teoria lá oferecido não tem relevância no mundo além dos muros da universidade. Mesmo que todo o conhecimento vindo dos livros adotados nas faculdades seja acessível a qualquer leitor/pensador, independentemente de frequentar ou não as aulas, as fronteiras de classe solidamente construídas mantêm a maioria das pessoas formadas no ensino médio que não estão matriculadas no ensino superior bem longe da formação continuada. Mesmo os estudantes universitários que recebem diploma de graduação e saem do ambiente da faculdade para entrar no mercado de trabalho tendem a parar de estudar, baseando suas ações na falsa premissa de que o que se aprende nos livros tem pouca relevância para a sua nova rotina como trabalhadores. É impressionante que muitos graduados nunca mais leiam um livro depois de se formar. E, se leem, não estudam mais.

Para trazer uma mentalidade estudiosa ao processo de aprendizagem que acontece dentro e fora da sala de aula, é necessário compreender o conhecimento como experiência que enriquece a vida integralmente. Citando *O único e eterno rei*, a série de livros de T. H. White, Parker Palmer honra a sabedoria que Merlin, o mágico, oferece quando afirma:

> A melhor coisa a fazer quando se está triste é aprender algo. Essa é a única coisa que nunca falha [...]. Aprender por que o mundo gira e o que o faz girar. Essa é a única coisa da qual a mente não pode jamais se cansar, nem se alienar, nem se torturar, nem temer ou descrer, e nunca sonhar em se arrepender. Aprender é o que lhe resta.

Parker acrescenta a essa declaração seu próprio entendimento vital de que

> a educação em sua melhor forma — essa profunda transação humana chamada ensino e aprendizagem — não está relacionada apenas a adquirir informação ou a conseguir um emprego. Educação tem a ver com cura e plenitude. Está relacionada com empoderamento, libertação, transcendência; renova a vitalidade. Diz respeito a encontrar e reivindicar nossa existência e nosso lugar no mundo.

Uma vez que nosso lugar no mundo está sempre mudando, precisamos aprender constantemente a estar presentes no agora. Se não estamos engajados por completo no presente, ficamos presos ao passado, e nossa capacidade de aprender diminui.

Educadores que se desafiam a ensinar para além do ambiente de sala de aula, a se deslocar pelo mundo compartilhando conhecimento, aprendem diversas maneiras de transmitir informação. Essa é uma das habilidades mais valiosas que qualquer professor pode adquirir. Pela prática vigilante, aprendemos a usar a linguagem capaz de dialogar com o cerne da questão, independentemente do ambiente de ensino em que nos encontremos. Quando professores universitários que são educadores democráticos compartilham conhecimento fora da sala de aula, nosso trabalho afasta a noção de que acadêmicos não têm contato com o mundo externo aos sagrados salões da academia. É nossa tarefa abrir o espaço de aprendizagem para que ele possa ser mais inclusivo, além de sempre nos desafiar a fortalecer nossas habilidades de ensino. Essas práticas progressistas são vitais para manter a educação democrática, tanto na sala de aula quanto fora dela.

Práticas autoritárias, promovidas e encorajadas por muitas instituições, enfraquecem a educação democrática na sala de aula. Ao atacar a educação como prática da liberdade, o autoritarismo na sala de aula desumaniza e, com isso, apaga a "mágica" que está sempre presente quando os indivíduos são aprendizes ativos. Isso tira a "graça do estudo", o torna repressivo e opressivo. Professores autoritários comumente investem na ideia de que são os únicos profissionais "sérios", enquanto educadores democráticos são, com frequência, estereotipados pelos colegas mais conservadores como não rigorosos ou fora do padrão. Esse é o caso, sobretudo, quando educadores democráticos tentam criar uma atmosfera prazerosa na prática de sala de aula. Em *À sombra desta mangueira*, Paulo Freire argumenta que educadores democráticos devem fazer de tudo "em favor da criação de um clima na sala de aula em que ensinar, aprender, estudar são atos sérios, demandantes, mas também provocadores de alegria". E mais adiante afirma:

Só para a mente autoritária é que o ato de ensinar, de aprender, de estudar são tarefas enfadonhas, mas necessárias. Para educadores e educadoras democráticos o ato de ensinar, de aprender, de estudar são *que fazeres* exigentes, sérios, que não apenas provocam contentamento, mas que já são, em si, alegres. A satisfação com que se põe em face dos alunos, a segurança com que lhes fala, a abertura com que os ouve, a justiça com que lida com seus problemas fazem do educador democrata um modelo. Sua autoridade se afirma sem desrespeitar as liberdades. [...] E é porque respeita as liberdades que estas a respeitam.

Com seus hábitos, educadores democráticos mostram que não se envolvem em formas de cisão psicológica socialmente aceitas, segundo as quais alguém ensina apenas na sala de aula e depois age como se o conhecimento não fosse significativo em outros ambientes. Quando isso é transmitido aos estudantes, eles conseguem vivenciar a aprendizagem como um processo completo, não como uma prática restrita que os desconecta e os aliena do mundo.

O diálogo é o espaço central da pedagogia para o educador democrático. Conversar para compartilhar informações e trocar ideias é a prática que, tanto dentro quanto fora do ambiente acadêmico, afirma que o aprendizado pode ocorrer em durações variadas (podemos dividir e aprender muito em cinco minutos) e que o conhecimento pode ser compartilhado em diferentes registros de discurso. Embora dialetos e variações regionais de linguagem raramente sejam usados por professores em sala de aula, esses registros podem ser o principal modo de trocar conhecimentos em outros ambientes. Quando espaços educacionais se tornam lugares cujo objetivo central é o ensino de costumes burgueses, o registro informal e a linguagem que foge à norma culta do idioma não são valorizados; na verdade, são abertamente desprezados. Ainda que reconheça o valor do idioma padrão, o educador democrático também valoriza a diversidade da linguagem. Por exemplo, estudantes que falam o inglês padrão, mas para os quais o inglês é a segunda língua, são fortalecidos em sua autoestima bilíngue quando seu idioma materno é valorizado em sala de aula. Essa valorização pode ocorrer quando professores e professoras incorporam práticas de ensino que honram a diversidade, resistindo à tendência tradicional de manter os valores do dominador no ensino superior.

Como educadores democráticos, temos de trabalhar para encontrar maneiras de ensinar e compartilhar conhecimento de modo a não reforçar estruturas existentes de dominação (aquelas hierarquias de raça, gênero, classe e religião). A diversidade de discursos e de presenças pode ser bastante valorizada como um recurso que intensifica qualquer experiência de aprendizado. Nos últimos anos, todos temos sido desafiados, como educadores e educadoras, a examinar os modos como apoiamos, seja consciente ou inconscientemente, as estruturas de dominação existentes. E somos todos encorajados por educadores democráticos a nos tornar mais atentos, a fazer escolhas mais conscientes. Talvez involuntariamente estejamos conspirando com as estruturas de dominação, por conta do modo como o aprendizado é organizado nas instituições. Ou talvez possamos reunir material de ensino que não seja preconceituoso e, ainda assim, apresentá-lo de maneira tendenciosa, reforçando as hierarquias opressivas existentes.

Sem movimentos contemporâneos por justiça social em nossa nação, a educação progressista torna-se ainda mais importante, já que talvez seja o único lugar em que as pessoas possam encontrar apoio para adquirir consciência crítica, para se comprometer com o fim da dominação. Os dois movimentos por justiça social que têm tido o maior impacto transformador em nossa cultura são a luta antirracista e o movimento feminista. Por entender que os movimentos por ativismo tendem a perder força uma vez que os direitos civis são conquistados, ambos trabalharam para criar lugares de estudo acadêmico com o intuito de que uma abordagem não tendenciosa do conhecimento e do aprendizado fosse legitimada no ambiente escolar e universitário, agindo, ao mesmo tempo, como catalisadora capaz de transformar cada disciplina acadêmica. O aprendizado, portanto, serviria para educar os estudantes para a prática da liberdade, e não para sustentar as estruturas de dominação existentes.

Todo estudo progressista sobre raça e gênero desenvolvido nas universidades tem impacto significativo para muito além do espaço acadêmico. Educadores democráticos que defenderam acabar com as metodologias de ensino preconceituosas diminuíram a distância entre o mundo acadêmico e o chamado mundo "real". Muito antes de as escolas progressistas se interessarem pelas temáticas de raça ou gênero e de diversidade ou multiculturalismo, grandes empresas reconheceram a necessidade de ensinar seus funcionários — sobretudo os negociadores, cuja tarefa era criar mercados ao redor do mundo — sobre diferenças e outras culturas. Obviamente, o fundamento dessa abordagem não era ensinar como acabar com a dominação, mas promover os interesses do mercado. Ainda assim, tanto conservadores quanto liberais reconheceram a necessidade de mostrar aos estudantes perspectivas que incluíam o reconhecimento de diferentes formas de saber.

No rescaldo dessa mudança, gerada pelas preocupações capitalistas de manter o poder em um mercado global, ativistas antirracistas e antissexistas conseguiram influenciar um questionamento dos modos como noções imperialistas de supremacia branca e de nacionalismo implantavam preconceitos nos materiais didáticos, nas diferentes práticas pedagógicas e nas estratégias dos educadores.

O discurso acadêmico, tanto o escrito quanto o falado, sobre raça e racismo, sobre gênero e feminismo, fez uma grande intervenção, conectando lutas por justiça externas à academia com os modos de saber de dentro dela. E isso foi realmente revolucionário. As instituições educacionais que foram fundadas nos princípios da exclusão — o pressuposto de que os valores que defendem e mantêm o patriarcado supremacista branco capitalista imperialista são verdadeiros — começaram a refletir sobre a realidade dos preconceitos e a discutir o valor da inclusão. Ainda assim, muitos apoiavam a inclusão apenas quando as diversas formas de saber eram ensinadas como subordinadas às formas de saber superiores, caracterizadas pelo dualismo metafísico ocidental e sua cultura do dominador. A fim de se opor a essa abordagem distorcida sobre inclusão e diversidade, educadores democráticos ressaltaram o valor do pluralismo. No artigo "Commitment and Openness: A Contemplative Approach to Pluralism" [Comprometimento e abertura: uma abordagem contemplativa ao pluralismo], Judith Simmer-Brown explica:

> Pluralismo não é diversidade. Diversidade é um fato da vida moderna, sobretudo nos Estados Unidos. Há diferenças enormes em nossas comunidades — relacionadas à ética, à raça e à religiosidade.

Diversidade sugere a existência dessas diferenças. Pluralismo, por outro lado, é uma resposta à existência da diversidade. No pluralismo, nos comprometemos a nos engajar com a outra pessoa ou com a outra comunidade. Pluralismo é um compromisso de se comunicar e de se relacionar com o mundo maior — com um vizinho muito diferente ou uma comunidade distante.

Muitos educadores abraçam a ideia da diversidade enquanto resistem ao pluralismo ou a qualquer outro pensamento que sugira que eles não devem mais defender a cultura dominadora. As ações afirmativas tinham como objetivo promover maior diversidade e eram, pelo menos em teoria, uma prática positiva de reparação, uma forma de proporcionar acesso aos grupos aos quais foram negados educação e outros direitos, por causa da opressão fundamentada em grupos sociais. Apesar das várias falhas, as ações afirmativas conseguiram quebrar as barreiras à inclusão racial e de gênero, beneficiando principalmente as mulheres brancas. Conforme nossas escolas se tornaram mais diversas, professores e professoras viram seus valores mais profundos serem desafiados. Velhas ideias sobre estudar os trabalhos de outras pessoas a fim de achar nossas próprias teorias e defendê-las foram e estão sendo constantemente desafiadas. Simmer-Brown oferece a percepção útil de que esse modo de aprendizado não nos permite aceitar ambiguidade e incerteza:

> Como educadoras e educadores, uma das melhores coisas que podemos fazer por nossos estudantes é não os forçar a se ater a teorias e conceitos sólidos, mas, em vez disso, encorajar o processo, os questionamentos envolvidos e os momentos de não

saber — com todas as incertezas inerentes a essa dinâmica. Isso é o que nos dá apoio para ir fundo. Isso é abertura.

Quando eu trabalhava com professores de uma das principais faculdades de artes para ajudá-los a desaprender formas de educação do dominador, escutei homens brancos verbalizarem sentimentos de medo e incerteza sobre abdicar de modelos já conhecidos. Embora eles estivessem dispostos a aceitar o desafio da transformação, ainda assim estavam temerosos porque simplesmente não sabiam qual seria a fonte de seu poder, se não pudessem mais contar com uma noção racializada e genderizada de autoridade para manter aquele poder. A honestidade deles nos ajudou a imaginar e articular quais poderiam ser os resultados positivos de uma abordagem pluralista de aprendizado.

Um dos efeitos mais positivos é o comprometimento com a "abertura radical", a disposição para explorar diferentes perspectivas e mudar a mente conforme novas ideias são apresentadas. Ao longo da minha carreira como educadora democrática, conheci vários estudantes brilhantes que buscam educação, que sonham em trabalhar a serviço da liberdade, que se desesperam ou se desmotivam completamente porque faculdades e universidades estão estruturadas de uma forma que os desumaniza, que os desvia do espírito de comunidade no qual anseiam viver. Com muita frequência, esses estudantes, sobretudo aqueles talentosos não brancos de origens sociais diversas, desistem de ter esperança. Eles têm baixo desempenho nos estudos. Assumem o papel de vítima. Falham. Abandonam as aulas. A maioria não foi orientada sobre como encontrar o próprio caminho em um sistema educacional que, apesar de estruturado para manter a dominação, não é fechado e, portanto, tem dentro dele subculturas de resistência em que a educação como prática da liberdade ainda acontece. Muitos desses estudantes talentosos não encontram essas subculturas nem os educadores democráticos que poderiam ajudá-los a achar o caminho. Eles perdem a paixão.

Por mais de trinta anos, testemunhei estudantes que não querem ser educados para serem opressores chegarem perto da graduação — e então se autossabotarem. São estudantes que abandonam a faculdade faltando apenas um semestre ou uma disciplina. Às vezes, são pós-graduandos brilhantes, mas que nunca escreveram a dissertação. Temerosos de que não serão capazes de manter a fé, de que não se tornarão educadores democráticos; temerosos de que entrarão no sistema e *se transformarão* nele, eles vão embora. A educação competitiva raramente funciona para estudantes que foram socializados para valorizar o trabalho voltado para o bem da comunidade. Isso os dilacera, os deixa arrasados. Eles vivenciam níveis de desconexão e fragmentação capazes de destruir todo o prazer de aprender. São esses alunos e alunas que mais precisam da orientação influente de um educador democrático.

Ao criar uma comunidade de aprendizado que valorize o todo acima da divisão, da desassociação, da separação, o educador democrático empenha-se para criar proximidade. Palmer chama isso de "intimidade que não aniquila a diferença". Como uma estudante que chegou à graduação e à pós-graduação por meio dos movimentos radicais por justiça social que abriram um espaço que havia sido fechado, aprendi a agarrar a comunidade onde eu a encontrasse, criando laços a partir de raça, gênero, classe e experiência religiosa para salvar e proteger a parte de mim que queria permanecer em um mundo acadêmico, que queria escolher uma vida intelectual. Os laços que criei foram com pessoas que, como eu, valorizavam o aprendizado como fim em si, e não como meio de atingir outro objetivo, mobilidade social, poder, status. Nós sabíamos que, independentemente de estar em um ambiente acadêmico, continuaríamos a estudar, a aprender, a educar.

ensinamento 5

o que acontece quando pessoas brancas se transformam

É difícil identificar aquele momento histórico específico na luta antirracista em que as pessoas negras começaram a endossar a noção de que todas as pessoas brancas eram racistas e incapazes de se transformar. Em sua autobiografia, *Walking with the Wind* [Caminhando com o vento], o ativista pelos direitos civis John Lewis explica que tudo começou com as políticas eleitorais, quando foi negada representação no governo ao Partido Democrático de Libertação do Mississippi.[11] Lewis lembra:

> Até onde eu sei, esse foi o momento de virada do movimento por direitos civis. Estou totalmente convencido disso. Até então, apesar de cada retrocesso, frustração e obstáculo que enfrentáramos ao longo dos anos, ainda prevalecia a crença de que o sistema funcionaria, de que o sistema ouviria, de que ele responderia. Agora, pela primeira vez, chegávamos ao centro do sistema. Seguimos as regras, fizemos tudo o que era esperado de nós, jogamos o jogo exatamente como fora exigido, chegamos à entrada e bateram com a porta em nossa cara.

---

11. Em 1964, durante a convenção do Partido Democrata. [N.E.]

A integração racial foi introduzida em um mundo onde muitas pessoas negras seguiam as regras, mas encaravam a realidade de que o racismo não estava mudando, de que o sistema supremacista branco permanecia intacto, mesmo que tivesse permitido maior acesso às pessoas negras. Para muitas delas que acreditaram no sonho e no fato de que o racismo podia ser mudado pela lei e pela interação, isso foi motivo de desespero. A seus olhos, as pessoas brancas racistas estavam traindo a democracia, estavam menosprezando o impacto da opressão e da dor sofridas por negros e negras.

Enquanto crescia em um mundo de apartheid racial, eu sempre soube que havia pessoas brancas corajosas que sacrificavam poder, status e privilégio para serem antirracistas. Eu as ouvia quando, na casa da minha avó, no lado branco da cidade, expressavam suas crenças na justiça. Eu as vi cruzar fronteiras num tempo em que isso era muito perigoso. Quando eu era criança, sabia que pessoas brancas eram capazes de mudar. Mas também sabia que a maioria das pessoas brancas não queria se transformar; isso me magoava, saber que elas abraçavam a dominação racial como seu privilégio e seu direito. Pessoas brancas racistas eram a norma. As pessoas brancas que me fascinavam, as que eu queria conhecer, naquela época e agora, eram as raras pessoas brancas que tiveram a coragem de escolher ser contrárias ao racismo, de escolher e de se transformar. No mundo em que eu cresci, uma pessoa branca que se atrevia a cruzar as fronteiras e ser ativamente antirracista era respeitada por pessoas negras.

A militância antirracista liderada por pessoas negras patriarcais (homens, em sua maioria) introduziu a ideia de que pessoas brancas eram sempre e somente o inimigo. Existem diferenças fundamentais entre a luta antirracista por direitos civis baseada no sul dos Estados Unidos e a luta de militância negra baseada no norte e na costa oeste. A luta antirracista do sul sempre alimentou a noção de que somos todos um, de que o objetivo de acabar com a dominação racial ia além de apenas conquistar direitos civis, de acabar com a discriminação; era também a visão de um povo diverso vivendo junto, em paz. A militância *black power* rejeitou essa visão de comunidade amorosa e investiu na percepção de pessoas brancas como sempre e somente racistas; elas eram o inimigo. Mesmo que estivessem se mobilizando pela justiça, ainda eram consideradas o inimigo, por conta do fator branquitude. Em uma lógica inversa do pensamento racista, que condenava pessoas negras com base na cor da pele, o movimento nacionalista militante e patriarcal *black power* condenava todas as pessoas brancas com base na cor da pele, e não nas crenças e nos comportamentos.

Mesmo que a vasta maioria dos afro-estadunidenses não apoiasse a ideologia do movimento nacionalista militante e patriarcal *black power*, a noção de que pessoas brancas eram o inimigo ganhou força conforme o povo negro, sobretudo nossos líderes, era assassinado e o terrorismo de Estado abafava os protestos da militância negra. Quando o processo de integração falhou na tentativa de livrar a nação do racismo, muitas pessoas negras se desesperaram, e a ideia de que brancos eram racistas, de que não estavam dispostos a mudar, se fortaleceu. Em vez de focar a luta heroica das pessoas brancas comprometidas com a justiça antirracista, muitas pessoas negras repudiaram esses esforços como se não pudessem ter um significado transformador real, considerando o mundo coletivo do racismo branco. Esse pensamento, combinado ao ceticismo branco sobre questionar e mudar o racismo, enfraquece fundamentalmente a luta antirracista em nossa nação. Pessoas negras e de cor que acreditam sinceramente que pessoas brancas são incapazes de se transformar apenas seguem a lógica vitimista. São pessimistas investindo na crença de que não há saída.

Ninguém nasce racista. Todo mundo faz uma escolha. Para muitos de nós, essa decisão vem na infância. Uma criança branca que aprendeu que machucar os outros é errado, mas que presencia violências racistas contra pessoas negras, que questiona isso e então ouve de adultos que essa ofensa é aceitável por causa da cor da pele, faz uma escolha moral entre compactuar com isso ou se opor a isso. Boa parte das pessoas brancas que conheci no apartheid sulista, que arriscaram a vida por escolherem ser antirracistas, fizeram essa escolha na infância. Ann, uma das poucas alunas brancas em meu ensino médio, no fim dos anos 1960, com quem tive uma amizade verdadeira, era consistentemente antirracista. Somos amigas até hoje, mais de trinta anos depois do nosso primeiro encontro. Ela diz que tomou partido quando era criança. Para Ann, era uma opção moral a partir de tudo o que ela aprendera sobre certo e errado. Era uma escolha por justiça.

Ann foi capaz de manter a integridade de sua escolha quando era adolescente, em parte porque seus pais não tentaram lhe impor valores supremacistas brancos. Trabalhador da indústria de tabaco, seu pai tinha contato com pessoas brancas e negras, assim como sua mãe no ramo da saúde. Eles ensinaram à filha que, como ela conta, "há o bem e o mal em todas as raças". Quando eu a entrevistei para este livro, Ann recordou que seu pai nunca se opôs à sua atitude de cruzar as fronteiras da raça para construir amizades, para construir uma comunidade. Ele nunca a alertou sobre o risco que isso representava. Mas lhe contou que outras pessoas brancas a observavam e não estavam felizes com esse comportamento. Ann se lembra de seu pai transmitir a mensagem enviada por uma tia de que ela nunca deveria se opor à supremacia branca. A resposta de Ann à tia foi que "ela devia cuidar de seus problemas".

Ann não teve relações com pessoas negras até o ensino médio, mas fez sua escolha quando era mais nova. Quando se tornou amiga de pessoas negras na escola, as convidava para passar a noite em sua casa. E, mesmo que seus pais dissessem que aquela não era uma boa ideia, não exigiam da filha nenhum tipo de lealdade racial. Os valores antirracistas que Ann abraçou mantiveram-se com ela ao longo de sua vida. Para ela, ser antirracista parece tão simples e tão natural quanto respirar. O mundo em que crescemos mudou pouco quando o assunto é raça. A segregação ainda é a norma nas relações sociais. Mas Ann permanece cruzando fronteiras. E quando brancas e brancos a advertem dos perigos disso, ela apenas ri com ar de quem já cansou de ouvir isso. Confiante de que há bem e mal em qualquer grupo, ela busca o bem, e essa busca a fez trilhar um bom caminho.

No meu livro de memórias *Wounds of Passion* [Feridas da paixão], escrevi sobre o nosso amigo de ensino médio Ken, um rapaz branco que também ousou atravessar as fronteiras da raça. Em uma atitude diferente da dos pais de Ann, os de Ken eram conscientemente comprometidos com a justiça social. Seu pai foi um dos pastores brancos de nossa cidade que abertamente se opôs ao racismo e à supremacia branca. Nas ocasiões em que fiz algumas leituras de minha biografia, sobretudo nas passagens sobre nossa dificuldade para ser amigos num contexto social de apartheid racial, o público nunca falhava em perguntar sobre Ken. Tínhamos perdido contato por um bom tempo e nos reencontramos na primeira reunião da turma do ensino médio racialmente integrado — a vigésima delas. Quando me ligaram para confirmar se eu iria, minha primeira indagação foi: "Será que o Ken vai?". Um ex-colega de sala branco, que estava fazendo as ligações, riu e me respondeu que tinha acabado de conversar com Ken, de quem a primeira reação foi perguntar se eu estaria lá. Ken e eu nos reconectamos. Estamos próximos desde então. Eu me mudei para a cidade da Flórida onde ele e a esposa moravam; me mudei para perto deles, trazendo uma presença negra para aquele bairro predominantemente branco. Ken é politicamente antirracista, mas sua vida social ainda é majoritariamente branca. Ele absorve minhas críticas com alegria, até mesmo minha frustração por ele não ser tão radical quanto era na nossa adolescência.

Como muitos brancos liberais, Ken enxerga a branquitude de sua vida social mais como um acaso das circunstâncias do que como uma escolha. Ele receberia com prazer maior diversidade na vizinhança. No entanto, ele também não se empenha, suficiente e conscientemente, em sua vida social ou na comunidade mais ampla para viabilizar essa diversidade.

Como aliados na luta antirracista, Ken e Ann fizeram sacrifícios. Os laços de comunhão e comunidade que construímos em resistência à supremacia branca ainda nos conectam. Esses laços são muito mais fortes do que os que me ligam à maioria dos meus colegas acadêmicos brancos que escrevem sobre raça e racismo, mas que não permitem que ações antirracistas determinem o modo como vivem. Palavras nos faltam quando tentamos resgatar a experiência de uma criança pequena na cultura supremacista branca do sul, onde o racismo terrorista sancionado pelo Estado manteve todos em seus lugares. O sul das leis de Jim Crow[12] era a nossa África do Sul. O fim da segregação não trouxe integração racial. Misturar, cruzar as fronteiras da raça, era ainda uma questão de escolha individual. A maioria das pessoas brancas continuou a acreditar na supremacia branca e a viver de acordo com ela.

Ironicamente, o fim da segregação e a integração racial eram vistos por liberais e conservadores como ações que uniriam as raças. Na realidade, mesmo quando negros e brancos se juntavam, eles permaneciam separados pelas crenças de supremacia branca. O racismo manteve a segregação na mente e no coração das pessoas brancas, mesmo quando ela legalmente acabou. Dada essa realidade, brancos e brancas que escolhem ser ativamente antirracistas são heroicos. E o heroísmo deles fica invisibilizado num mundo em que a crença geral é a de que todas as pessoas brancas são racistas e incapazes de se transformar. Perigoso e nocivo, esse pensamento mantém e reforça a supremacia branca.

Se é incontestável que qualquer cidadão desta nação, branco ou negro, nasce em uma sociedade racista que busca nos socializar, a partir do momento em que nascemos, para aceitarmos os princípios da supremacia branca, é também verdade que podemos escolher resistir a essa socialização. Crianças fazem isso todos os dias. Bebês que encaram maravilhados a pessoa que está cuidando deles, sem se importar se ela é branca ou

---

12. Leis municipais e estaduais que institucionalizaram a segregação racial nos estados do sul dos Estados Unidos, afetando as "pessoas de cor" (*colored people*). Vigoraram entre 1876 e 1965. [N.E.]

negra, já estão ativamente resistindo a essa socialização racista. Se qualquer um de nós vai se tornar racista ou não, é uma escolha nossa. E somos provocados a considerar de novo e de novo nosso posicionamento em relação à questão do racismo, em diferentes momentos da vida. Esse tem sido o caso, sobretudo, para pessoas brancas. Poucas delas tomam a decisão de ser fundamentalmente antirracistas e de viver o significado dessa decisão de maneira consistente. Essas são as pessoas brancas que sabem intimamente e muito bem que o racismo não está no sangue, que ele está sempre relacionado à consciência. E onde há consciência, há escolha. Em *À sombra desta mangueira*, Paulo Freire nos lembra que o racismo não é inerente à condição humana, afirmando: "Não *somos* racistas, tornamo-nos racistas assim como podemos deixar de estar sendo racistas".

Se não conseguimos perceber o valor e o significado de indivíduos brancos antirracistas, não apenas desprezamos o trabalho que eles fizeram e fazem para transformar seus pensamentos e comportamentos como também impedimos que outras pessoas brancas aprendam com o exemplo. Todas as pessoas de cor que sofrem com exploração racial e opressão sabem que a supremacia branca não vai acabar até que as pessoas brancas racistas mudem. Qualquer pessoa que negue a possibilidade de essa mudança ocorrer, de uma pessoa passar de racista para ativamente antirracista, está agindo de acordo com as forças racistas de dominação existentes.

Talvez eu tivesse perdido a esperança em relação à capacidade de as pessoas brancas se tornarem antirracistas se eu mesma não tivesse testemunhado sulistas brancos, mais velhos, nascidos e criados em uma cultura de supremacia branca, resistirem a ela, escolhendo o antirracismo e o amor pela justiça. Essas pessoas tomaram partido em circunstâncias de grande perigo, em meio à guerra racial. Para honrar o comprometimento delas de forma justa, devemos aceitar sua transformação por completo. Pedir às pessoas que mudem, que renunciem à fidelidade à supremacia branca, e depois zombar delas dizendo que jamais conseguirão ser livres do pensamento racista é abominável. Se pessoas brancas nunca conseguirem se livrar do pensamento e da ação de supremacia branca, pessoas negras/de cor nunca poderão ser livres. É simples assim. Devemos aceitar que pessoas negras/de cor são socializadas para acolher o pensamento e o comportamento de supremacia branca, assim como as pessoas brancas que conhecemos o são. Se conseguirmos resistir, se nos recusarmos a acolher o pensamento e a ação racistas, eles também conseguirão.

Ao sair do sul para frequentar uma faculdade de artes predominantemente branca na costa oeste, entrei em um mundo em que era moda expressar sentimentos antirracistas sem verdadeiramente passar pela necessária transformação radical de pensamento e ação. Ativa nos movimentos feministas no campus, eu ficava impressionada com a dimensão da ignorância das colegas brancas em relação à raça, ao racismo e ao privilégio das mulheres brancas. Quando você cresce em um mundo de apartheid racial em que as mais aterrorizantes formas de ataque são usadas para manter brancos e negros em seus "devidos" lugares, tanto brancos quanto negros sabem, em seu íntimo, que raça importa e conhecem os privilégios concedidos à raça branca via institucionalização da supremacia branca.

Durante meus anos como aluna da Universidade Stanford, conheci grupos de pessoas brancas liberais bem-intencionadas que eram, em teoria, antirracistas. Entretanto, a vasta maioria delas tinha pouco ou nenhum contato diário efetivo com pessoas negras. Muita gente esquece que o sul do apartheid não manteve brancos e negros separados no cotidiano, mas reforçou a subordinação e a dominação por um sistema de costumes e decoro "apropriados", enquanto permitia o contato direto. Como consequência, muitos sulistas brancos que foram servidos durante toda a vida, do nascimento até a morte, por cuidadores negros nunca tiveram o medo da presença negra que as pessoas do norte ou da costa oeste demonstraram. E mesmo que eu tenha entrado em Stanford no início dos anos 1970, em uma época na qual a integração racial havia desafiado e alterado a discriminação racial, no sul as coisas andavam devagar.

Quando me tornei acadêmica, concentrando meu trabalho na teoria feminista em parceria com outras mulheres de cor, desafiei mulheres brancas que falavam em sororidade a desaprender seu racismo, a dedicar um tempo para revisar, a partir de uma perspectiva de preconceito racial, as teorias que estavam criando. Essa intervenção expôs o racismo da maioria das ativistas feministas brancas, mas também revelou e destacou as mulheres brancas que, individualmente, ou já estavam comprometidas em ser antirracistas, ou estavam no processo de permitir que sua vida mudasse a partir do entendimento da interseccionalidade entre racismo e sexismo. Ainda que eu fosse uma das críticas mais ávidas ao modo como o racismo caracterizou muitas teorias e práticas feministas, sempre valorizei as mulheres brancas que, como indivíduos, se mostram verdadeiras companheiras e irmãs — mulheres antirracistas.

Muitas vezes me pedem para explicar por que fiz e faço críticas ao racismo de mulheres brancas do movimento feminista e em nossa sociedade como um todo, enquanto ainda mantenho laços profundos de solidariedade, cuidado e amor com elas. Minha explicação está fundamentada no reconhecimento e na valorização das mulheres brancas antirracistas que encontrei e encontro no movimento feminista e que são total e inabalavelmente comprometidas com a erradicação do racismo, com a justiça racial. A presença e as ações dessas mulheres brancas como companheiras de luta renovam minha fé no poder das pessoas brancas de resistir ao racismo. Tenho esse sentimento sobretudo quando me encontro desanimada com a disseminação da aceitação passiva do racismo por mulheres brancas.

No mundo acadêmico, encontrei essas mulheres em colegas como Zillah Eisenstein. Conheci Zillah há mais de vinte anos, enquanto apresentava um painel sobre teoria feminista. Uma vez que ambas somos apaixonadas por trocas dialéticas espirituosas, debatemos, argumentamos e, do nosso jeito, caímos de amor camarada. Quando eu disse que senti que ela havia usado meu trabalho sem realmente atribuir crédito a mim, ela não respondeu na defensiva e com o medo que eu costumava encontrar ao questionar uma mulher branca. Confiante, afirmou que voltaria ao trabalho, daria uma olhada nele e, se concordasse comigo, faria correções. Esse encontro foi muito reconfortante. Nos reconhecemos como iguais, como colegas. Eu já estava cansada de encontrar pessoas brancas, sobretudo mulheres, que usavam o medo como prática de desumanização. As mesmas colegas brancas que se engajavam em debates profissionais com suas pares brancas tendiam a se comportar comigo como se elas fossem a Jane na floresta, ameaçadas por uma besta revoltada. O medo irracional e racializado delas nos separava.

Conforme Zillah se tornou minha companheira política e amiga íntima, descobri que ela nascera numa casa de judeus ativistas políticos sérios que eram fundamentalmente antirracistas. Ao viver entre pessoas negras e trabalhar com elas, seus pais incorporaram a verdade de que fomos criados iguais. Zillah fez o mesmo por sua filha. A opção dos pais de Zillah por serem antirracistas trouxe algumas dificuldades para a vida deles; mesmo assim, nunca hesitaram. A própria Zillah tornou-se uma pessoa que não hesita na resistência à dominação do patriarcado supremacista branco capitalista imperialista. Aprendi cedo a expressão "patriarcado capitalista" lendo o trabalho dela.

Aceitar Zillah e outras companheiras brancas como profundamente antirracistas não significa que ignoremos a realidade de que podemos ser tão antirracistas quanto quisermos e ainda assim cometer erros. Há mulheres de cor que trabalham com Zillah e não a veem como eu a vejo. Posso dizer apenas que elas não a conhecem como eu a conheço. Certa vez fui palestrar na faculdade em que ela leciona, e por um cuidado impudente ela quis me apresentar, mas as mulheres de cor que foram me ouvir sentiram que, "como a típica mulher branca, ela estava tentando assumir o controle". Conversando com elas, percebi que haviam trazido para o encontro impaciência e raiva em relação ao racismo das mulheres brancas e que aquilo não estava relacionado apenas ao comportamento de Zillah. Entendi a revolta delas, mesmo que não partilhasse dessa interpretação. Ao perceber que algo estava "errado", Zillah ficou chateada e perturbada. Como para qualquer um de nós que assume posturas corajosas perante o racismo, foi difícil para ela aceitar ser agrupada, mesmo que brevemente, com todas as pessoas brancas não conscientes que não têm intenção de desconstruir seu racismo.

Envolvidas em um diálogo crítico sobre esse encontro, Zillah e eu fomos dolorosamente lembradas do estrago que a supremacia branca fez em nossa capacidade, como mulheres, de confiar umas nas outras. A maioria das mulheres negras encontra racismo nas mulheres brancas. Recordar essas agressões pode nos deixar ressabiadas, sentindo que não podemos confiar em qualquer mulher branca. Por outro lado, mulheres brancas que buscam ser nossas companheiras talvez trabalhem dobrado para nos mostrar que são dignas, mas de um modo que é, em última instância, condescendente. Sempre que nos esforçamos para provar nosso valor por meio de gestos exagerados, em geral está subjacente nessa atitude um grande problema de autoestima.

Relações entre mulheres brancas e negras costumam ser carregadas de uma dinâmica de competição. Independentemente de surgir ou não de um contexto racializado, no limite essa competição se manifestará em uma reação racializada. O sexismo coloca as mulheres umas contra as outras, e a disputa de poder subsequente pode se tornar ainda mais intensa quando a diferença racial é adicionada à equação. Mulheres brancas antirracistas não sentem medo de se envolver nas críticas feitas por mulheres negras e de cor, pois as mulheres brancas basicamente entendem que, enquanto temermos enfrentar nossas diferenças e evitarmos o conflito, não alcançaremos o espaço verdadeiro da solidariedade e da sororidade.

Quando pessoas negras/de cor acolhem a realidade de que pessoas brancas que optam pelo antirracismo conseguem ser antirracistas de corpo e alma, então atraímos essas pessoas para nós. O comprometimento delas com o antirracismo não significa que nunca cometem erros, que nunca aceitam o privilégio de raça ou que nunca agem de acordo com a dominação racial da vida cotidiana. Isso sempre poderá acontecer de maneira inconsciente. O que significa é que, quando errarem, serão capazes de encarar o próprio erro e de corrigi-lo.

Como sinceramente acredito que pessoas brancas podem escolher ser antirracistas, procuro por pessoas com diferentes trajetórias que tomaram essa decisão. O mercado editorial tem pouca diversidade e está bem aquém do pequeno progresso feito nos ambientes educacionais. Mas mesmo ali encontrei aquelas raras pessoas brancas que entenderam a coisa toda, que são antirracistas. Quando entrevistei Lisa Holton, executiva de alto escalão da Disney Hyperion Children's Books que tem se dedicado a aumentar a publicação de livros escritos por pessoas negras e sobre pessoas negras, perguntei onde seu comprometimento com a justiça racial havia se construído. Ela disse que foi filha de um casal divorciado em uma época em que isso não era comum e que por isso se tornou uma "forasteira" na escola e almoçava com outros "forasteiros" — dois deles eram negros, e todos, filhos de pais divorciados. Foi naquele ambiente que ela construiu seus laços além das fronteiras de raça e decidiu ser antirracista. Ela relembra: "Eu apenas enxerguei de verdade o que o racismo faz com todo mundo". A consciência sobre a dor que as injustiças raciais causam na vida cotidiana de pessoas negras foi o catalisador que a fez rejeitar a supremacia branca. Quando converso com funcionários negros que ela supervisiona, eles expressam muita alegria por poderem trabalhar com uma pessoa branca "que não fica apelando para isso" com eles. O "isso" que ela poderia usar para manter a dominação hierárquica é o privilégio racial.

Com frequência, as mulheres brancas mais entusiasmadas no desejo de ser antirracistas, que transformam a teoria em prática, são as lésbicas. Entrevistando-as, ouvi várias vezes que a discriminação contra elas baseada na sexualidade foi como uma ponte aproximando seu entendimento da dor derivada da discriminação racial. Em vez de supor que essa dor é idêntica à que vivenciaram, elas aceitaram a "ponte" como uma base por sobre a qual atravessar que lhes permite aprender com as pessoas de cor a natureza de nossa experiência em um contexto social de supremacia branca.

Muitas pessoas brancas homossexuais são incapazes de construir essa ponte. Elas permanecem inaptas a enxergar o modo como a branquitude e o poder branco dão acesso ao privilégio do papel de dominador. Elas se recusam a ver as maneiras pelas quais a discriminação pode impactar de formas diferentes nossa consciência, mesmo que sejam sempre as mesmas. Não raro, pessoas brancas homossexuais desprezam pessoas negras porque nos percebem como mais homofóbicas ou sexualmente menos progressistas. Essas concepções estereotipadas estão enraizadas no pensamento supremacista branco, que considera pessoas brancas sempre mais sofisticadas e complexas do que as pessoas de cor. Mulheres e homens brancos gays que são fundamentalmente antirracistas não precisam usar a noção de que são intelectualmente superiores para legitimar o medo que sentem de nós.

Mab Segrest, ao escrever aberta e sinceramente sobre esses assuntos em sua coleção de "ensaios lésbicos sobre a cultura sulista", descreve a dor que sente quando reconhece o poder da supremacia branca. Quando, "como pessoa branca, percebo o que os brancos fizeram e continuam a fazer no mundo, mais fico tentada pela voz trágica que me diz [...] é tarde demais". O humor é o veículo que Segrest usa para renovar seu espírito:

> Meu senso de humor [...] encoraja meu ser branco a não se odiar, já que eu posso mudar. Para mulheres brancas que fazem trabalho antirracista, um dos nossos maiores desafios é encontrar caminhos para superar nossos sentimentos de auto-ódio e desespero provocados por um acúmulo de conhecimento sobre nossa herança branca. O senso de humor é também o senso de fé, confiança e esperança.

O humor é vital para nossos esforços de criar laços atravessando raças. Rir juntos intervém em nosso medo de errar.

Um grupo de mulheres brancas, em sua maioria lésbicas, tem trabalhado para criar em sua livraria coletiva uma atmosfera de comunidade amorosa que acolhe todas as pessoas; elas são donas e funcionárias da livraria Charis, em Atlanta. Para eliminar a tensão/o medo racial que poderia surgir quando pessoas de cor entram em um ambiente predominantemente branco, elas praticam um comportamento civilizado básico com todas as pessoas. Há alguns anos, nós/pessoas de cor reclamávamos que, ao entrar em uma livraria feminista, éramos tratadas como se ali não fosse o nosso lugar. Adotar a civilidade em interações inter-raciais pode servir como um caminho simples para quebrar as barreiras criadas pelo pensamento e pela ação de supremacia branca. No mundo em que cresci, a subserviência das pessoas negras era mensurada pelo grau de esforço para ser cortês e civilizado com os brancos; agora, antirracistas utilizam a prática da civilidade como estratégia de resistência.

Os princípios que conduzem a interação entre pessoas negras e mulheres em uma sociedade supremacista branca, que nos ajudam a resistir e a construir solidariedade, precisam ser identificados. Um deles é o desejo de estabelecer uma parceria consciente e cooperativa enraizada no mutualismo. Esforçar-se para ser mútuo é o melhor princípio mediador para situações em que há status desiguais. Obviamente, não podemos criar limites através das barreiras que o racismo impõe, se buscamos sempre estar seguros ou evitar conflitos. Nos ambientes feministas do meu primeiro ano de faculdade, eu sempre ficava confusa quando os colegas, por um lado, nos incentivavam a participar de revoluções ativistas e, por outro, enfatizavam a importância da segurança. A ênfase em segurança nos ambientes feministas quase sempre serviu como barreira para a solidariedade inter-racial, porque esses encontros não pareciam "seguros" e eram frequentemente carregados de tensão e conflito. Ao trabalharmos a desconstrução do racismo com estudantes brancos, um dos princípios que buscamos incorporar é o valor do risco, honrar o fato de que podemos aprender a crescer em circunstâncias em que não nos sentimos protegidos, em que a presença de conflito não é necessariamente negativa; seu significado pode ser determinado pelo modo como lidamos com ele. Confiar em nossas habilidades para lidar com situações em que o conflito racializado aparece é muito mais frutífero do que sempre insistir na segurança como o melhor ou o único modo de criar uma conexão.

Homens brancos no esforço de ser, como suas companheiras brancas, totalmente antirracistas não costumam atrair a atenção que pessoas brancas racistas atraem. Quando qualquer homem branco de nosso governo faz uma declaração racista, ele recebe cem vezes mais atenção do que aquele homem branco solitário que se posiciona em público contra políticas racistas. Ao longo dos anos, percebi que pessoas de cor que ainda vivem disputas de poder julgam pessoas brancas antirracistas de forma muito mais dura do que seus correspondentes racistas. Por vezes, as pessoas brancas antirracistas precisam suportar o isolamento social, rejeitadas por pessoas brancas racistas e por pessoas de cor que talvez temam ser traídas ou talvez simplesmente reproduzam o poder do dominador pela exclusão.

O professor de arte Mark Johnson é um exemplo de homem branco que sabe como é ser objeto de desprezo ou de ridicularização por ambos os lados: pessoas brancas pensam que ele defende os negros em demasia, e pessoas negras o veem como o homem branco arrogante. É muito importante que não deixemos a rejeição por qualquer grupo mudar o comprometimento da pessoa com o antirracismo. O amor à justiça não pode ser sustentado se for apenas uma manipulação para sermos incluídos na turma, qualquer que seja. Muitos brancos e brancas batalharam por direitos civis, depois passivamente abandonaram a luta quando foram criticados por pessoas de cor ou ouviram delas que não eram bem-vindos. Pessoas brancas antirracistas reconhecem que sua resistência contínua à supremacia branca é genuína quando não é determinada em nenhum nível pela aprovação ou desaprovação das pessoas de cor. Isso não significa que elas não escutem e não aprendam com a crítica, mas que entendem plenamente que a escolha de ser antirracista precisa ser constante e sustentada para tornar realidade o fim do racismo.

Mark acredita que esse trabalho é central para o compromisso antirracista. Pessoas de cor, incluindo eu, confiam nele porque veem o trabalho que ele faz em prol do fim da supremacia branca, trabalho pelo qual não recebe reconhecimento público algum. Para ele, a recompensa é saber que está vivendo com integridade, vivendo a verdade de seu comprometimento em acabar com o racismo, por dentro e por fora. Seu trabalho em prol da justiça racial lhe trouxe uma comunidade amorosa na qual a diversidade é real. Quando ouço pessoas brancas reclamarem de não ter o contato social que gostariam com pessoas de cor, minha resposta é sempre incentivá-las a batalhar ativamente por justiça racial, porque essa batalha as aproximará da comunidade que desejam, se o anseio for sincero e não uma desculpa para ter uma vida encoberta pela branquitude imutável.

Há tantos indivíduos que eu poderia citar cuja vida testemunhou o poder de pessoas brancas antirracistas, pessoas como a ativista de longa data Grace Lee Boggs, que eu precisaria de páginas e páginas para compartilhar a história deles. Essas páginas deveriam ser escritas. Todo mundo deveria ouvir esses relatos.

Ativista, escritora e lésbica, Barbara Deming transformou sua vida ao se recusar a apoiar a supremacia branca. Trabalhando no sul durante o movimento pelos direitos civis, ela dispunha sua força a serviço da luta por justiça. Aprendeu por experiência própria que "indivíduos podem agir" e que ações em prol da mudança social "têm peso". Assim como Deming, tenho aprendido na prática que indivíduos brancos que escolhem ser antirracistas fazem a diferença. Ao relatar seu trabalho com pessoas negras durante uma época perigosa, em que correu o risco de ser presa, Deming escreve que sente prazer na luta, na comunidade, e uma coragem de resistir que a levou a afirmar: "Não sou mais a mesma". Todas as pessoas brancas que escolhem ser antirracistas proclamam essa verdade. Ao desafiarem o racismo e a supremacia branca, são transformadas. Livres do desejo de dominar sustentado pelo racismo, podem se conectar com pessoas de cor em comunidades amorosas, vivendo a verdade de nossa humanidade essencial.

ensinamento 6
padrões

Nos Estados Unidos, escolas segregadas estão se tornando a norma por todo o país. Conforme a mobilidade de classe e um mercado imobiliário racista fazem bairros predominantemente brancos serem cada vez mais comuns, sobretudo em áreas com novas casas luxuosas, mais escolas são construídas para atender às necessidades desses bairros. Assim, as escolas do centro da cidade ou em cidades pequenas ou próximas de grandes centros urbanos tendem a ser as que apresentam diversidade étnica. Muitas são majoritariamente negras, hispânicas ou compostas por uma mistura étnica não branca. Essa segregação racial *ipso facto*, em geral, não é vista como relacionada ao racismo institucionalizado, mas considerada uma questão de classe. A velha segregação racial na educação está sendo restabelecida, aperfeiçoada, à medida que escolas constituídas por pessoas pobres não brancas e pela classe trabalhadora de nossa nação são consideradas inferiores; essas instituições recebem menos financiamento e, como consequência, carecem de recursos para suprimentos básicos. Ainda assim, pessoas afro-estadunidenses estão mais inclinadas do que nunca a apoiar escolas segregadas, pois temem o preconceito racial que molda a grade curricular e as perspectivas de professores racistas não conscientes (de qualquer cor) em escolas públicas.

Como frequentei escolas segregadas no sul do apartheid até os primeiros anos do ensino médio, posso testemunhar que esses anos contribuíram para estabelecer uma autoestima saudável no que diz respeito à educação. Nascida nos anos 1950, fui criada em um mundo segregado em que a educação era glorificada, valorizada como meio tanto para o sucesso pessoal quanto para a ascensão racial. Nessas escolas segregadas, era nítido que havia alunos e alunas que se destacavam nos estudos, e outros que não. Simplesmente pressupunha-se que ser negro e ser bom no aprendizado da teoria eram características compatíveis. Todas as pessoas que eram boas em teoria eram negras: nossos professores de francês e de alemão, nossos professores de física e de química, e por aí vai. No entanto, mesmo no universo das escolas segregadas, uma lacuna separava os estudantes inteligentes daqueles que não desejavam aprender. Como em todas as escolas, independentemente da raça, estudantes inteligentes eram ridicularizados, vistos como geeks ou nerds. Mesmo que meus pais me incentivassem, quisessem que eu fosse inteligente, eles também brincavam com o fato de eu estar sempre metida entre os livros. Eles temiam que o excesso de teoria pudesse me tornar esquisita, se não fosse equilibrado com engajamento social. Independentemente da raça, os pais e as mães que conheço, sobretudo aqueles com crianças talentosas que preferem estudar a sair para brincar, frequentemente manifestam o mesmo medo que meus pais tinham: o de que muito estudo possa levar à alienação social. Decerto nunca houve qualquer consideração de que muito estudo pudesse me tornar, ou a qualquer outra pessoa que eu conhecia, menos negra. A verdade é que meus pais queriam muito que eu estudasse em uma faculdade historicamente negra para que continuasse a aprender com brilhantes pensadores negros.

Quando as escolas foram dessegregadas, todas as crianças negras de nossa cidade passaram a andar nos ônibus que nos levavam a bairros e escolas brancos. Quase todas as professoras daquelas escolas eram brancas. Turmas compostas por estudantes negros talentosos e dedicados não existiam mais; pelo contrário, alguns de nós fomos escolhidos para integrar salas compostas apenas de talentos brancos. Meninas negras eram escolhidas com muito mais frequência do que meninos negros (apesar da dessegregação, o medo racista do contato entre meninos negros e meninas brancas ainda determinava que esses dois grupos fossem separados um do outro). Os ativistas negros da luta por direitos civis para dessegregação das escolas não levaram em conta que nossa autoestima como estudantes negros poderia ser afetada ao sermos ensinados por professores racistas. Em minha família, fomos encorajadas a ignorar o racismo (a não deixar que nos chateasse) e a focar os estudos. Ainda assim, era óbvio para todos os estudantes negros nessas escolas predominantemente brancas que nossos professores não acreditavam de verdade que éramos tão capazes de aprender quanto as crianças brancas. Estudantes negros inteligentes eram considerados exceção. Em geral, éramos vistos como "aberrações da natureza" por professores racistas e por aqueles raros professores brancos atenciosos que, não obstante, eram influenciados pelas ideias supremacistas brancas de que negros e negras nunca seriam tão inteligentes quanto brancos e brancas.

Escolas negras eram lugares em que nossa autoestima como estudantes negros era afirmada. Isso não porque nossos professores eram negros, mas porque a maioria deles era politicamente consciente do impacto do pensamento racista na autoestima negra — e eles escolheram se opor a isso. Na verdade, havia alguns professores negros que eram tão adeptos da supremacia branca nas ideias sobre a natureza da inteligência quanto seus colegas brancos. Mas eles eram minoria. Se escolas segregadas se tornassem a norma hoje, não aconteceria de a maioria dos professores negros ter consciência crítica sobre raça, pois a formação educacional em ambientes racistas predominantemente brancos condicionou uma quantidade enorme de professores afro-estadunidenses a aceitar com passividade o pensamento supremacista branco sobre inteligência. Crianças negras ensinadas por professores negros que não acreditam na capacidade delas de se destacar intelectualmente não estão em uma situação melhor do que crianças negras ensinadas por professores brancos que as veem como estudantes de classe inferior.

Apoiar escolas segregadas na esperança de que elas sejam, como num passado muito distante, lugares de afirmação da autoestima saudável seria um gesto de desespero. Em última instância, isso levaria a um isolamento ainda maior dos estudantes negros em relação aos modos de conhecimento e de aprendizado necessários para a cidadania ativa em uma comunidade global. Muitos educadores e educadoras estão preocupados com o fato de que, em todas as classes sociais, crianças negras por vezes se comportam como se o conhecimento teórico e o fato de serem inteligentes as fizessem "se identificar menos como negras". Raras vezes esses educadores reconhecem que equiparar educação à branquitude é um modo de pensar que muitas pessoas negras a adquiriram em sistemas escolares predominantemente brancos. Estudantes negros que zombam de seus colegas negros estudiosos foram socializados, por escolas e pela grande mídia, para acreditar que a educação não tem significado positivo em sua vida e que uma ampla formação intelectual os afastará da "negritude". Em escolas contemporâneas onde professores são mestiços e os estudantes são majoritariamente, se não todos, negros, comportamentos negativos em relação à formação educacional podem ainda proliferar. O pensamento supremacista branco e o auto-ódio internalizado que ele promove podem levar professores pouco conscientes, até mesmo professores negros, a ensinar como se os estudantes negros fossem menos capazes de atingir excelência acadêmica.

Esse tipo de pensamento não se espalha apenas em escolas públicas; ele é disseminado também em faculdades e universidades. Muitas vezes, quando estudantes negros percebem que professores e colegas em ambientes predominantemente brancos os enxergam como menos capazes, eles começam a ter um desempenho "em conformidade com o preconceito". Isto é, se um professor age como se um estudante negro fosse incapaz de obter bons resultados, este terá um desempenho fraco, satisfazendo, assim, as expectativas do professor. Se estudantes negros descobrem que, apesar de seus esforços para se destacar, recebem notas baixas independentemente da qualidade de seu trabalho, talvez escolham entregar atividades abaixo do padrão.

A consciência sobre os modos como o pensamento supremacista branco permeia nossa cultura, apesar das conquistas na área dos direitos civis, tem ajudado educadores diligentes de todas as raças a reconhecer a importância de se esforçar para desaprender o racismo. Esse é o trabalho que nos prepara para a educação como prática da liberdade. Pesquisadores, sobretudo professores e professoras de faculdades e universidades, que ousaram examinar as formas como a supremacia branca molda nosso pensamento, tanto no conteúdo ensinado quanto na metodologia de ensino, criaram uma subcultura revolucionária dentro do sistema educacional de nossa nação. Muitos desses acadêmicos ensinam e produzem conhecimento nas áreas de estudos étnicos, de mulheres e culturais. Comecei a afiar meu pensamento crítico sobre a natureza da raça e do gênero ao cursar estudos de mulheres. As críticas sobre raça e racismo que emergiam nos ambientes feministas mudaram a natureza do conhecimento feminista. Mais do que qualquer outro movimento por justiça social em nossa sociedade, o movimento feminista tem sido exemplar ao promover críticas que desafiem o pensamento supremacista branco na teoria e na prática. A força estabelecida pela teoria feminista serviu como catalisador para o trabalho progressista sobre raça e racismo que emergiu e continua emergindo nos estudos culturais.

Apesar da constante prevalência do racismo, do pensamento e da ação de supremacia branca, o ambiente acadêmico é um dos poucos lugares em nossa nação em que os indivíduos atravessam as fronteiras da raça para aprender uns com os outros e criar parcerias. Muitas reações antifeministas, sobretudo o ataque aos estudos de mulheres, assim como aos estudos negros/étnicos, emergiram não porque esses programas não educavam, mas *porque* educavam com sucesso estudantes para pensarem criticamente. Esses programas ajudaram, e ainda ajudam, muitos estudantes a transformar suas ideias sobre o aprendizado: da aceitação passiva da educação como meio de integrar uma classe profissional-gerencial, para o pensamento que coloca a educação como prática da liberdade. Em vez de punirem os estudantes por questionarem as formas de conhecimento que lhes eram oferecidas, esses programas os incentivavam a repudiar as práticas educacionais que reforçam a ideologia dominante, a abrir a mente para pensar de forma crítica. Esses alunos e alunas aprenderam a pensar de modo a reforçar a autodeterminação.

A educação como prática da liberdade não só afirma uma autoestima saudável nos estudantes, mas também promove a capacidade de ser e viver de forma consciente. Ela os ensina a refletir e a agir a fim de ampliar a autorrealização, em vez de ensinar a conformidade com o *status quo*. Professores e professoras universitários como eu, que entraram na faculdade por intermédio dos programas de ação afirmativa, que não vieram das classes médias, que em grande parte foram os primeiros da família a fazer faculdade, estavam mais abertos a acolher modos alternativos de pensar durante os anos de graduação. Ao entrarmos no mundo acadêmico como professores assistentes, fomos obrigados a encarar o sistema educacional fundamentado na lógica corporativa, que recompensava a obediência ao *status quo* no lugar das abordagens radicais do ensino e da aprendizagem. Quando era graduanda, contei com o apoio das subculturas radicais dentro da academia. Era mais difícil encontrar essas subculturas sendo professora. Difícil, mas não impossível.

Estudos feministas, estudos afro-estadunidenses e estudos culturais são os lugares do mundo acadêmico em que encontrei colegas com quem senti ter sintonia intelectual e política. Também houve os raros coordenadores que, apesar do ponto de vista conservador, ofereceram apoio a partir de um posicionamento de abertura radical. Muitas vezes nós, educadores democráticos, permanecemos nas margens da academia convencional. Nossa presença pode significar uma ameaça àquelas pessoas que, conforme imaginávamos, talvez pudessem ser os colegas com quem construiríamos laços. No decorrer da minha carreira acadêmica, recebi apoio de poucos homens brancos, geralmente coordenadores. Quando palestrei pela primeira vez no Oberlin College, onde havia uma vaga para professor associado na minha área, um reitor branco nascido no sul dos Estados Unidos me ligou para oferecer a vaga. Naquele sotaque fanhoso típico sulista, ele brincou comigo: "Se eu não te contratar, vou perder meu emprego. O que você fez com os estudantes daqui?". Rotulado de racista e sexista pela maioria do corpo docente feminista, esse reitor e eu nos conectamos, em parte por causa do respeito que ele demonstrou por mim, baseado em sua compreensão do racismo no sistema educacional do sul. Como sulista branco, ao contrário da maioria das minhas colegas feministas brancas, ele entendia bem como minha jornada até o mundo acadêmico havia sido árdua. Ele se lembra: "Eu tinha certeza de que você carregava uma força profunda, de que foi isso que a levou até onde está agora". Diferentemente de muitas das minhas colegas brancas, ele não se sentia ameaçado por aquela força; ele a admirava.

Ao mesmo tempo que eu concordava com outras professoras que aquele reitor agia em muitas situações de um modo que ajudava a manter as hierarquias racista e sexista (assim como essas próprias mulheres, às vezes), eu também via que ele poderia, ocasionalmente, agir em prol da justiça e do jogo limpo. Para mim, era vital incentivar e apoiar aquela parte dele que não era convencional nem fechada. Quanto mais eu o apoiava quando ele agia fora dos padrões, por vezes tomando decisões que eram bastante radicais, mais eu era capaz de enxergá-lo como um aliado em potencial, não um inimigo, e de trabalhar com ele. Eu lidava com ele quase no mesmo espírito de abertura radical que adotava em sala de aula. Para desconstruir a dominação de forma bem-sucedida, um educador democrático precisa cultivar a esperança na capacidade que as pessoas têm de mudar.

Frequentemente, grupos subordinados a qualquer forma de opressão social — seja de raça, gênero, classe ou religião — procuram formar comunidade com pessoas iguais a eles, criando vínculos fundamentados em crenças e noções negativas compartilhadas sobre os opressores. Juntos, eles reforçam o "poder" daqueles que dominam, mesmo que identifiquem os métodos escolhidos pela cultura do dominador para os inferiorizar. Ao insistirem na noção de que podem ser somente "vítimas" na relação com as pessoas que detêm poder sobre eles (e empregam com muita frequência esse poder de modo a reforçar uma hierarquia de opressão), perdem de vista não apenas sua potência de resistir, mas também a capacidade de intervir e mudar a perspectiva de quem está no poder. Quando professoras feministas determinam que um colega é sexista e se recusam a enxergar nele qualquer vislumbre positivo que poderia ser catalisador de mudança, elas concordam com a manutenção do sistema de opressão. De maneira semelhante, quando professores não brancos insistem que colegas brancos são sempre e somente capazes de ser racistas, eles reforçam a noção de que a cultura do dominador é um sistema absoluto, imutável.

Durante a minha convivência com o reitor branco considerado racista e sexista, percebi que ele estava bastante disposto a compartilhar informações comigo, nutrindo meu desenvolvimento acadêmico. Ele me ajudou a entender como o sistema funcionava, desempenhando, às vezes, o papel de mentor. Grupos dominantes costumam manter seu poder ocultando informação dos grupos subordinados. Essa dominação se altera quando o conhecimento é compartilhado, reforçando a parceria mútua. Quando eu conversava com colegas que "odiavam" aquele reitor e dizia que ele estava aberto à mudança, a reação mais frequente era a de que ele se sentia atraído por mim, que gostava de mim e que sua interação comigo era apenas um caso "especial". Quando perguntei a ele se achava que nossa interação era "única", ele identificou o "clique" entre nós como uma combinação de sintonia pessoal e admiração profissional. Ainda assim, isso significava uma abertura em um sistema normalmente fechado. Se não formos capazes de encontrar as frestas em sistemas fechados e entrar por elas (independentemente do catalisador dessa abertura), nós nos condenamos, reforçando a crença de que esses sistemas educacionais não podem se transformar.

No decorrer da minha carreira acadêmica, busquei frestas, me concentrando menos em como meus colegas eram fechados e mais na procura por espaços de possibilidade. Minha conclusão é que indivíduos que parecem fechados costumam responder positivamente à sugestão de que podem mudar. Um dos poderes de grupos subordinados é o de demonizar aqueles que estão em posições de dominação. Essa demonização pode servir para lidar com o medo e a ansiedade excessivos em situações em que a cultura do dominador é a norma, mas não é de grande ajuda se nosso objetivo for intervir em estruturas e indivíduos e alterá-los.

Já que a cultura do dominador promove e incentiva a competição, ambientes acadêmicos tradicionais não são, em geral, lugares onde colegas aprendem a confiar uns nos outros e a trabalhar em parceria. Quando estabeleci laços com pessoas brancas e/ou homens considerados racistas e/ou sexistas por colegas progressistas, fui vista por essas pessoas como "traidora", pois me recusei a criar conexões com base em noções prontas sobre o inimigo. Uma vez que permaneço sempre com atenção plena voltada à possibilidade de ser eu "a inimiga", consigo enxergar com compaixão meus colegas que se mantêm fiéis à cultura do dominador. Quando eu os demonizo ou os vejo apenas e sempre como inimigos, passo a ser parte do problema, e não da solução. E esse é o caso sobretudo quando o assunto é racismo.

Já que racismo é uma questão de poder, ele sempre exige que nós, membros de grupos subordinados, sejamos conscientes de nosso desejo de poder. Caso contrário, arriscamos afirmar o poder de maneiras prejudiciais em qualquer situação na qual estejamos em posição de vantagem. Martin Luther King Jr. entendeu isso. Em seu sábio discurso "Loving your Enemies" [Amando seus inimigos], ele afirma:

> Não haverá solução permanente para o problema racial até que os homens oprimidos desenvolvam a capacidade de amar seus inimigos [...]. Por mais de três séculos, afro-estadunidenses foram maltratados pelo bastão de ferro da opressão, frustrados de dia e perturbados à noite pela insuportável injustiça, sobrecarregados pelo peso horrível da discriminação. Forçados a viver nessas condições vergonhosas, somos instigados a nos tornar amargos e a retaliar com o mesmo ódio. Mas, se isso acontecer, a nova ordem que buscamos não passará de uma reprodução da ordem antiga.

O anseio de dominar não conhece cor. Todo cidadão em uma cultura do dominador é socializado para acreditar que a dominação é a base de todas as relações humanas.

Uma das ideias mais prejudiciais popularizadas nos anos 1970 foi o pressuposto de que não é papel dos grupos subordinados ensinar os grupos dominantes a mudar. Na atualidade, para intervir na cultura do dominador e viver conscientemente, devemos estar dispostos a compartilhar com qualquer pessoa o conhecimento sobre como fazer a transição de um modelo de dominação para um modelo de parceria. Se quisermos mudar, precisamos estar dispostos a ensinar. No ativismo por direitos civis da minha juventude, era simplesmente aceito que o comprometimento com a luta antirracista passava por ensinar pessoas racistas a desaprender o racismo. Essa concepção de não dar assistência ao "opressor" surgiu tanto dos militantes do movimento *black power* na luta contra o racismo quanto das militantes feministas na luta contra o sexismo. Certamente, o enorme sucesso global do movimento por direitos civis para acabar com o racismo pode ser atribuído, em parte, aos incríveis esforços de ativistas para educar os cidadãos desta nação e do mundo sobre a dor e a ferida, a exploração e a opressão que o racismo causa. Ainda que pessoas de cor não precisem carregar o fardo de educar pessoas brancas sobre o racismo, nossa disposição para compartilhar informações que questionem e apoiem a mudança é vital.

Quando o reitor branco interagia comigo, seus valores eram constantemente desafiados. Ele se lembra de se sentir incomodado, quando adolescente, ao assistir a atos racistas no sul, relatando: "Aquilo me fez pensar de formas que eu nunca tinha pensado antes". Acredito que nossa interação, estimulada pela demanda por maior diversidade em Oberlin, tenha despertado esse comprometimento antigo com a ação antirracista. Quando o entrevistei recentemente e questionei se ele se sentia desmotivado pelo fato de, independentemente de suas ações, continuar sendo visto de modo negativo por professores progressistas, ele respondeu que havia momentos em que, sim, se sentia desmotivado, mas, em geral, sentia-se otimista em relação a "sair do caminho e operar mudanças", mesmo que não fosse reconhecido por esse papel. Para ele, isso significava que "estava fazendo o que era correto". Ainda assim, acredito que seja difícil para qualquer um de nós continuar a fazer o que consideramos correto quando não recebemos afirmação e apoio.

Fui lecionar em Oberlin por causa de uma camarada feminista, Chandra Mohanty; se ela não desse aulas lá, eu não teria considerado aquele um lugar para mim. Chandra me garantiu que nós, duas poderosas militantes feministas acadêmicas de pele marrom,[13] ajudaríamos a transformar os estudos de mulheres e o campus de Oberlin. Ela era, e ainda é, uma verdadeira companheira de luta. Nós de fato realizamos muitos trabalhos positivos na faculdade, despertando consciência em relação a questões de diversidade. Mas, no fim, nem ela nem eu fomos valorizadas corretamente. Competições insignificantes, em geral partindo das próprias colegas brancas que afirmavam ser "feministas", tornaram nossas atividades difíceis. Disputas constantes de poder fizeram com que nós duas desejássemos sair dali — e saímos. Mohanty foi para o Hamilton College, e eu vim para o City College.

---

13. Em inglês, o termo *brown* ("marrom", em tradução literal) refere-se ao resultado da miscigenação entre negros e brancos, mas também árabes, indianos, paquistaneses, indígenas etc. É usado unicamente para descrever a cor da pele humana. Optamos por traduzi-lo como "marrom", pois outras denominações atualmente em uso no Brasil, como "pardo", por exemplo, não fariam jus à ideia que a autora pretende transmitir. [N.E.]

Minha experiência de ensino mais recente foi como professora visitante na Universidade Southwestern. Depois de renunciar ao cargo de professora honorária no City College, eu realmente não imaginava que lecionaria de novo. Vim para o Texas, de início, por conta do trabalho da professora de estudos feministas e filosofia Shannon Winnubst. Quando Shannon entrou em contato comigo pela primeira vez, falou sobre a maneira como meu trabalho estava sendo amplamente estudado em seu campus, revelando tanto o conhecimento profundo sobre minha escrita quanto a maneira como ela usava esses e outros trabalhos produzidos por pessoas de cor. Conversando abertamente, descobrimos uma paixão mútua por justiça. Durante os preparativos para uma palestra que eu daria naquela escola metodista de artes predominantemente branca, trabalhamos para construir comunidade e solidariedade mútua. Mulher branca e lésbica, Shannon revelou ter um entendimento amplo sobre raça, gênero e classe. Ela foi a "luz" que me atraiu para o Texas. Menciono isso para exemplificar o poder que um indivíduo pode ter. Sozinha, ela me persuadiu a ir para um lugar ao qual talvez eu jamais fosse, a não ser seguindo seu exemplo de coragem.

Depois que discursei para um público diverso de centenas de estudantes, professores e pessoas da comunidade que vieram ao campus da Southwestern para assistir à minha palestra, Shannon me perguntou se eu gostaria de dar aulas lá. Eu gostei da ideia, também como possibilidade de continuar nosso diálogo sobre justiça e construção de comunidade. Shannon e outras colegas progressistas conversaram com a administração e viabilizaram minha indicação. Elas tinham o apoio de um decano branco progressista cuja especialidade era educação. Ao contrário da imagem do homem branco em posição de poder que se sente ameaçado por qualquer feminista que o desafia, Jim Hunt se lembra de nosso primeiro encontro, quando estive lá para dar a palestra. Comprometido com o objetivo de criar um campus mais diverso racialmente, ele conta que ficou impressionado ao ouvir uma "voz complexa" falando sobre questões de um jeito que ia além do binarismo nós/eles ou opressor/oprimido. Movido por minha discussão sobre abertura radical e comprometimento em ver um mundo segundo a lógica "ambos/e" em vez da lógica excludente, ele se dedicou a me trazer para o campus. Nos dois anos em que lecionei na Southwestern, Jim diz que passou a entender que "pessoas que talvez na teoria sejam grandes defensoras da diferença e da diversidade são em geral incapazes de lidar com demandas concretas por mudança". Agora ele compreende que "aprender a viver e trabalhar em uma comunidade diversa" requer comprometimento com uma análise complexa e o abandono do simplismo. A segregação simplifica; a integração exige que aceitemos as múltiplas formas do saber, da interação.

O processo de acabar com o racismo, em pensamento e em ação, é sempre um empreendimento mútuo. Todo o nosso poder está em entender quando devemos ensinar e quando devemos aprender. Pessoas brancas que esperam que pessoas de cor façam todo o trabalho por elas, que desenhemos o mapa e as carreguemos nas costas pelo caminho que leva ao fim do racismo, ainda estão encenando o paradigma servo/servido. Mas há também pessoas brancas que estão apenas pedindo orientação, querendo conversar sobre os detalhes da jornada. Elas estão fazendo o que qualquer um de nós faz quando trabalha por mudança social e se move de um lugar de ignorância para um de mais conhecimento. Elas são nossas aliadas na luta.

A segregação nas instituições educacionais não nos leva adiante na luta pelo fim do racismo. A educadora e poeta Nikki Giovanni acredita que a formação em artes — em particular, em humanidades — consegue e deve ser o lugar em que estudantes e professores se tornam capazes de desaprender o racismo. Em *Racism 101* [Introdução ao racismo], ela escreve:

> Está evidente para mim que, se há alguma demanda urgente em nosso sistema educacional, é que as humanidades se afirmem [...]. Devemos recuperar as humanidades para nos recordar de que a paciência é uma virtude humana; devemos promover a integração racial para provar a nós mesmos que o medo não pode determinar sempre as possibilidades humanas.

As escolas segregadas do meu passado foram os lugares onde muitas pessoas negras se afirmaram pela primeira vez no anseio por educação. Essa afirmação foi crucial para o nosso desenvolvimento acadêmico. Já as escolas segregadas de hoje, sobretudo no sistema público de ensino, funcionam como meros guetos onde estudantes são mantidos, disciplinados e punidos, ou ensinados que não podem se desenvolver academicamente. De fato, estudantes em escolas públicas segregadas não raro se sentem apartados porque ninguém acredita na capacidade deles de aprender. Escolas públicas, bem como instituições de ensino superior, precisam ser transformadas para que o aprendizado seja uma experiência que constrói, aprimora e afirma a autoestima. A educação tem o poder de afirmar a autoestima de estudantes negros/ de cor quando os educadores são antirracistas em palavras e ações.

O pensamento supremacista branco pode ser ensinado por professores de qualquer raça. Professores negros com auto-ódio racial internalizado não são mentores melhores para estudantes negros do que professores brancos racistas. Em algumas faculdades predominantemente negras, o pensamento supremacista branco ainda é abundante. Ele se articula de maneiras semelhantes às que disseminam e mantêm o pensamento racista em ambientes predominantemente brancos. A dominação de forças conservadoras em escolas negras em geral significa que os padrões de excelência são sobredeterminados pela noção convencional de obediência à autoridade e às regras. Nesses ambientes, a excelência educacional não pode emergir sem luta. Segregação não significa que os estudantes terão mais chances de obter sucesso acadêmico.

Podemos honrar o legado da construção de autoestima cuja origem está nas escolas segregadas estudando as estratégias usadas pelos professores naquele sistema para educar os estudantes de forma plena e com qualidade. Nas escolas segregadas da minha formação, os professores acreditavam na capacidade de nos destacarmos, de realizarmos um trabalho acadêmico de excelência. Essa crença preparou as bases; foi a fundação sólida a partir da qual nos erguemos enquanto alcançávamos o ensino superior. Quando oriento mães e pais sobre a escolha de uma instituição para a formação educacional de crianças negras, insisto que busquem ambientes com diversidade racial, com professores progressistas e conscientemente antirracistas. Muitas vezes estudantes negros, como todos os outros, podem sentir de imediato uma atmosfera de segurança se estiverem cercados por pessoas como eles. Esse sentimento de segurança pode livrá-los de desconfortos raciais, e, como consequência, eles podem se sentir mais abertos à aprendizagem. Mas é necessário lembrar que não é a segregação que cria o contexto para o aprendizado, e sim a ausência de racismo.

Trabalhar para acabar com o racismo na educação é a única mudança significativa e duradoura que beneficiará estudantes negros e todos os outros. Talvez vejamos o dia em que escolas progressistas não racistas eduquem todas as pessoas. Elas se diferenciariam das escolas segregadas porque a premissa seria a de que todos os estudantes devem aprender e florescer em um ambiente antirracista. De forma significativa, ambientes educacionais antirracistas não apenas protegem e nutrem a autoestima de todos os estudantes, mas também os preparam para viver num mundo diverso. A fantasia da exclusão supremacista branca compete agora com a realidade da diversidade. Pessoas de cor que escolhem se autossegregar como meio de se proteger de ataques racistas não conseguem encarar essa diversidade. Para viver bem em nossa nação, elas precisam ser capazes de viver bem em diferentes ambientes. Precisam saber como manter a sanidade e a inteligência na presença da branquitude e dos ataques racistas. Se essas habilidades não forem aprendidas, não haverá possibilidade de lidar com o desafio de um mundo que ainda não é completamente antirracista, mas já é incrivelmente diverso. Não estarão bem munidas para fazer a parte delas ao desafiar e mudar o racismo.

Em ambientes educacionais integrados racialmente, todos temos a oportunidade de aprender no contexto da diversidade, de ser conscientes e críticos quanto à diferença sem deixar que ela nos separe. Como professora negra que na maioria das vezes trabalha em ambientes educacionais predominantemente brancos, sei que ensinar estudantes a desaprender o racismo é uma afirmação de sua bondade essencial, de sua humanidade. Quando forem capazes de abandonar a supremacia branca, bem como as soluções fáceis e o falso senso de valor próprio que ela traz, poderão descobrir seu real valor como indivíduos que conseguem encarar a diferença sem medo. De forma semelhante, os professores que me ensinaram em ambientes exclusivamente negros a reconhecer as limitações da cor da pele, a buscar comunidade em escolas cujo pensamento era semelhante ao meu, me ajudaram a entender o valor de ir além da raça, mesmo sempre reconhecendo que a raça importa. Nesse mundo educacional segregado, aprendi a acreditar que a contribuição mais vital que um educador pode dar é criar um contexto para a verdade e a justiça na sala de aula. Esses professores progressistas queriam ver o fim da segregação. Queriam que a educação como prática da liberdade fosse a norma em qualquer sala de aula, que todas elas se tornassem lugares onde pudéssemos aprender. É essa visão revolucionária da educação que devemos acolher conforme nos distanciamos da segregação, para reivindicar o poder da integração antirracista.

ensinamento 7

como
podemos
servir

O comprometimento com ensinar bem é um comprometimento com o servir. Os professores que fazem o melhor trabalho estão sempre buscando atender às necessidades dos estudantes. Na cultura patriarcal supremacista branca capitalista imperialista, o servir é desvalorizado. Como estratégia de manutenção da subordinação, a cultura do dominador intencionalmente degrada essa ação, tendendo a considerar indignas e inferiores as pessoas que servem. Não espanta, portanto, que haja poucas discussões positivas sobre o comprometimento dos professores com o servir. Trabalhando em sistemas públicos de educação, conheci mais professores que falam abertamente sobre tal compromisso. No contexto acadêmico das faculdades e universidades, a noção de serviço está ligada a trabalhar em nome da instituição, e não de estudantes e colegas. Quando professores "servem" uns aos outros por comprometimento mútuo com a educação como prática da liberdade, ousando desafiar e ensinar uns aos outros, bem como aos nossos estudantes, esse serviço não é recompensado institucionalmente. Quando não há recompensa por servir ao interesse em construir comunidade, é mais difícil para professores se comprometerem pessoalmente com essa atitude.

De fato, em faculdades e universidades, um ensino de excelência é com frequência visto como mero acréscimo à manutenção institucional. A produção acadêmica e as tarefas administrativas são consideradas as atividades substanciais. O ensino, e não importa se é ou não de qualidade, está meramente sujeito à escolha pessoal ou ao capricho. Mesmo que todas as faculdades usem as avaliações de professores feitas por estudantes como um dos fatores na crítica ao trabalho realizado em sala de aula, elas só são consideradas importantes quando são negativas e podem sustentar a demissão ou a promoção de um docente. Durante meus anos de graduação, eu ficava surpresa com a realidade de que a maioria dos meus professores parecia desinteressada pelo ensino. Eles encaravam a sala de aula como se ensinar fosse uma tarefa inconveniente que precisavam cumprir para que pudessem então se dedicar ao verdadeiro trabalho de escrita, reflexão, reuniões de departamento, e por aí vai. Obviamente, a exigência de que estudantes façam cursos específicos para cumprir os pré-requisitos de graduação garantiu que professores relapsos, cujas aulas estariam vazias não fosse por essa condição, pudessem contar com salas cheias.

Uma razão que talvez explique a irritação de acadêmicos conservadores influentes com o questionamento de tendências racistas e sexistas na educação e com a demanda por maior inclusão é que atender a essas demandas atraiu educadores novos e interessantes cujas disciplinas os estudantes querem frequentar. Há professores entediantes, bêbados (em geral homens brancos, mas nem sempre), que usam as mesmas anotações há mais de vinte anos, dando as mesmas aulas dominadas pela visão do homem branco. Esses professores ainda são mais aceitáveis para a academia, especialmente se tiverem diplomas de instituições de elite, do que mulheres e homens progressistas que se importam e querem tornar a sala de aula um lugar estimulante para o aprendizado. A grande mídia, sobretudo jornais e revistas, tem exercido um papel central em enganar o público sobre a natureza das mudanças no ambiente acadêmico. Muitos estadunidenses, grande parte dos quais nunca foi à faculdade, acreditam que homens brancos são uma minoria agora; que as salas de aula tradicionais, dominadas pelo homem branco, foram eliminadas; que pessoas negras/de cor e mulheres brancas feministas assumiram o controle. Eles não sabem que, apesar das intervenções potentes de acadêmicos progressistas em questionar preconceitos, acolher a diversidade e apoiar uma maior inclusão de matérias diversas, os homens brancos conservadores ainda controlam a academia — assim como o fazem no governo.

Quando professores progressistas e suas salas de aula começaram a atrair grande quantidade de estudantes de contextos diversos, houve uma reação que deturpou esses ambientes progressistas, acusando-os de não serem comprometidos com padrões de excelência ou com conteúdos significativos. Mesmo que as acadêmicas feministas não tivessem parado de ensinar conteúdos de homens brancos (provavelmente, alguns professores tiveram a impressão de haver tantos cursos focados na perspectiva de homens brancos que poderiam até arriscar não incluir material produzido por eles), foi dada ao público a impressão, via grande mídia, de que eles estavam sendo excluídos. No geral, mulheres acadêmicas de todas as raças e homens de cor tendiam a acrescentar novas vozes às velhas, em vez de eliminar totalmente as vozes de homens brancos. Ainda assim, ao fazerem o público acreditar que os estudantes estavam sendo deseducados por lerem Alice Walker e não Shakespeare, as elites de homens brancos conservadores, seus colegas de cor e seus companheiros não acadêmicos puderam explorar os mitos do politicamente correto. Ironicamente, esses acadêmicos conservadores costumam ser os menos interessados em ensinar.

Muitos professores de todas as raças enxergam a sala de aula como um minipaís governado por seu regulamento autocrático. Como um microcosmo da cultura do dominador, a sala de aula se tornou um lugar onde o professor atua enquanto compartilha conhecimento da maneira como ele ou ela bem entender. Em conversas com colegas acadêmicos por todo o país, descobri que mais de 80% das aulas que muitos de nós frequentamos para concluir o doutorado foram conduzidas por indivíduos sem habilidades básicas de comunicação. Em nenhuma outra esfera corporativa dos Estados Unidos tal incompetência seria tolerada. A incompetência no ensino pode ser tolerada porque o consumidor é uma pessoa jovem que, supõe-se, não tem direitos. Subordinados por um sistema hierárquico que doutrina estudantes desde muito cedo, dizendo a eles que seu sucesso depende da capacidade de obedecer, muitos alunos e alunas temem questionar a forma como a sala de aula é organizada. Em nossas faculdades e universidades consideradas renomadas, o ensino raramente é valorizado.

Em sua forma ideal, o ensino é uma profissão de cuidado. Em nossa sociedade, contudo, todas as profissões de cuidado são desvalorizadas. Não é de espantar, então, que professores, sobretudo aqueles em instituições de elite, evitem a ideia de que o ato de servir é parte da dimensão vital de seu trabalho com os estudantes, dentro e fora da sala de aula. Na pós-graduação, os professores costumam destacar um estudante para exaltar, até mesmo adorar, oferecendo a ele ou ela uma intensidade de envolvimento que é recusada aos demais. Em minha experiência de pós-graduação, quando isso acontecia, fazia o restante de nós sentir que simplesmente não tinha valor. Como estudantes, fomos socializados para acreditar que, quando entrávamos em uma sala de aula e não éramos tratados com respeito pelo professor, era devido a alguma falha nossa, e não a uma consequência da hierarquia injusta e da cultura do dominador. As políticas de dominação, do modo como são praticadas em sala de aula, asseguram que estudantes de grupos marginalizados não apresentem bons resultados. Imagine a loucura que deve ser, para um aluno ou uma aluna vindo de um grupo explorado e oprimido, dedicar-se a passar pelo sistema educacional com uma força de vontade resistente à exclusão, a fim de cursar a faculdade, e então entrar em um sistema que privilegia a exclusão, que valoriza a subordinação e a obediência como atributos dos vencedores. Faz sentido que, diante dessa virada, tantos estudantes tenham baixo rendimento ou simplesmente percam o interesse na educação.

Como aluna de pós-graduação que entrou na academia a partir de um lugar de resistência, questionando o sexismo dos meus pais, que não viam a importância de uma mulher ter um diploma de curso superior, desafiando o sexismo de educadores e confrontando o racismo, eu me via constantemente chocada quando professores, em geral homens brancos, agiam com ódio direcionado a mim. Naqueles anos de inocência, eu não sabia até que ponto a iconografia racista e sexista do corpo feminino negro e da pessoa negra havia imprimido na consciência de muitos professores a noção de que pessoas negras em geral — e mulheres negras em particular — simplesmente não serviam para a educação superior. É óbvio que a violência emocional dirigida a mim pelos professores não era algo que pudesse ser relatado ou documentado. Desprezo, desdém, constrangimento, como todas as formas de abuso psicológico, são difíceis de registrar, sobretudo quando vêm de uma pessoa que tem autoridade, e ainda mais se ela for habilidosa na arte da dissimulação. Em geral, o único recurso que um estudante tem é contar com os colegas de quem o assediou. O medo, especialmente o de traição, costuma silenciar os estudantes que são vítimas do terrorismo psicológico de professores.

Às vezes, o assédio de professores a estudantes é um comportamento reproduzido por estes. Esse é o caso quando diferenças evidentes de raça, classe ou gênero apartam o estudante do grupo. A opressão do grupo sobre um indivíduo considerado inadequado foi retratada no filme *Uma mente brilhante* (2001), no qual estudantes de classes privilegiadas assediam psicologicamente um colega de sala que é da classe trabalhadora. Da mesma forma que o filme retrata o terrorismo emocional que os homens brancos privilegiados usam para constranger e diminuir o colega da classe trabalhadora, ele também minimiza a mensagem, fazendo parecer que aquele terrorismo psicológico não tinha a real intenção de machucar e que eles não queriam fazer mal. Sempre que um estudante é psicologicamente aterrorizado por colegas ou por um professor, há a tendência de culpá-lo, de afirmar que ele ou ela está interpretando mal a realidade. Não é de estranhar, então, que estudantes vítimas de violência psicológica tendam a se tornar passivo-agressivos, a permanecer em silêncio ou a reclamar em vez de se engajar em uma resistência proativa.

Alunos e alunas são tão socializados para serem dóceis que, quando criticam os hábitos de ensino de um professor descuidado, geralmente compartilham essa crítica com um professor atencioso. Nas vezes em que estudantes vinham me contar histórias terríveis envolvendo outros professores e eu sugeria que usassem o boicote ou o poder de cartas anônimas para expressar sua opinião, dificilmente eles se mostravam dispostos a questionar o *status quo*. Uma estudante de pós-graduação negra, jovem e brilhante, que junto com seus colegas suportou a violência dos comentários racistas e sexistas de um professor, documentou as declarações dele e então escreveu uma carta anônima para o reitor. O professor titular branco reagiu com uma aula expositiva inteiramente dedicada a falar sobre a aluna "covarde" que escrevera uma carta anônima. Sua intenção era constranger a estudante em público. Ela sentiu medo e ver-gonha, ainda que também tivesse ficado feliz por seu gesto de resistência. Apesar de sua qualificação para o doutorado ter sido considerada excelente, quando foi o momento de avançar nos estudos nenhum professor, nem mesmo os poucos liberais, quis trabalhar com ela. A falta de um possível orientador/mentor foi a justificativa para recusar sua inscrição ao processo de seleção para o doutorado. Mesmo que tivesse entendido a política por trás daquela decisão, ela se sentiu incapaz de levar adiante o desafio de estar em luta constante contra o que temia ser seu destino, caso continuasse na pós-graduação. A experiência dela me fez lembrar das muitas vezes em que me disseram (e que li no meu histórico) que eu não tinha "o comportamento ade-quado de uma estudante de pós-graduação" — o que significava que eu ousava questionar meus professores e me recusava a aceitar com passividade a dominação deles.

Essa talentosa jovem abandonou a universidade, trauma-tizada com sua experiência de injustiça acadêmica, ainda que fosse excelente nos estudos. Muitas vezes, em um contexto de dominação, o brilhantismo e a dedicação dos estudantes são bem menos relevantes que a disposição destes de assumir o papel designado pelos professores. No âmbito profissional, essa fixação pelo comportamento vem à tona quando candidatos de grupos sub-representados são entrevistados por colegas brancos da classe média ou alta que compartilham das mesmas linguagem e experiência. Quando os candidatos são pessoas de cor vindas da classe trabalhadora, talvez não se encaixem nas normas do grupo. A percepção de que não vão se ajustar pode fazê-los perder empregos para os quais são bastante qualificados. É uma ilusão achar que, quando se deparam com estudantes e professores de cor excelentes, corpos docentes predominantemente brancos vão legitimar e reconhecer esse brilhantismo. Repetidas vezes, vejo professores apoiando pessoas de cor que não consideram muito inteligentes, ainda que dedicadas, em detrimento daquelas que são mais bem articuladas e acadêmicas excepcionais. Sociólogos que estudam raça e desempenho profissional registram o fato de que pessoas brancas não conscientes suspeitam mais de pessoas negras/de cor que fazem um trabalho excelente do que daquelas cujo desempenho é medíocre. Elas ficam mais confortáveis com pessoas de cor que se colocam em posições de subordinação ou são medíocres, porque isso funciona como um viés de confirmação da crença profunda na inferioridade dos grupos não brancos.

Quando entrevisto estudantes negros e pesquisadores que atingiram excelência acadêmica contra todas as probabilidades, quase sempre escuto histórias sobre professores atenciosos que desempenharam o papel real de mentores. A psicanalista Alice Miller usou o termo "testemunha iluminada" para se referir à pessoa que permanece ao lado de quem está sendo menosprezado e oferece um modelo diferente de interação. Professores zelosos são sempre testemunhas iluminadas para nossos estudantes. Uma vez que nosso dever é nutrir seu desenvolvimento acadêmico, somos impelidos a servi-los.

O compromisso de servir às necessidades dos estudantes não existe sem armadilhas. É uma prática libertadora contra-hegemônica que acontece num contexto de dominação. Portanto, estudantes que buscam a ajuda de professores progressistas costumam enfrentar desejos conflituosos. Eles talvez queiram contar com a ajuda de uma "testemunha iluminada", enquanto, ao mesmo tempo, desejam ser reconhecidos e respaldados por autoridades conservadoras convencionais. Em momentos de conflito, estudantes optarão, em geral, por seguir o *status quo*. Essa experiência muitas vezes leva professores zelosos a adotar uma postura cética com relação a qualquer esforço de intervir no contexto dominador e de se envolver com os estudantes de maneira cuidadosa. Servir bem aos estudantes é um ato de resistência crítica. É um ato político. E, portanto, esse comportamento não vai produzir as mesmas recompensas de quando simplesmente perpetuamos o *status quo*. A falta de recompensas pode ser menos frustrante do que a rejeição dos próprios estudantes a quem servimos.

Uma estudante negra que orientei durante os anos de graduação entrou na pós-graduação e descobriu que os professores que se tornaram seus orientadores eram bastante críticos em relação ao meu trabalho. Ela se sentiu cindida entre suas alianças. Durante a escrita de sua dissertação de mestrado, quando ela produzia muito além do número de páginas exigido, seu orientador principal disse que o trabalho estava excelente, até mesmo publicável, mas que ela deveria trabalhar intensamente para revisá-lo, e não para entregá-lo no prazo. Compartilhei com ela que aquele, para mim, era um conselho contraditório. Se o trabalho estava excelente e publicável, por que não entregar no prazo e revisar depois? Ou, melhor ainda, por que não aproveitar esses capítulos extras na dissertação? Aquela amada aluna, que acompanhei durante anos, acusou-me de estar com ciúme dela, de acreditar que ela não seria capaz de terminar seu trabalho. Foi incapaz de levar em conta o meu temor em relação àquelas estudantes negras brilhantes que atrasam a entrega do texto e nunca se formam. Eu não queria que ela caísse nessa categoria. Ela nunca mais falou comigo.

Minha frustração foi imensa. Mas pude perceber que aquela estudante queria jogar o jogo da cultura do dominador existente na academia. Esse desejo a deixou dividida entre manter ou não a lealdade a mim, aos valores dos quais compartilhamos quando ela era estudante da graduação. Minha maior preocupação era que ela terminasse o mestrado em um tempo razoável em vez de revisar e revisar para atingir uma posição de destaque aos olhos de um único professor. Mulheres de todas as raças e homens não brancos têm sido os estudantes que, com maior frequência, vejo paralisados por medo de não entregar um trabalho de excelência. Em casos assim, sempre penso que é melhor ser menos perfeccionista e mais preocupado em concluir o trabalho a tempo.

Todo professor zeloso sabe que nossas ideias estão sempre em processo. Diferentemente de outras profissões, temos a oportunidade de retornar ao nosso trabalho escrito e melhorá-lo. Infelizmente, estudantes de grupos marginalizados que não tiveram longa trajetória na academia (eles são, em geral, a primeira geração da família a cursar o ensino superior) ficam arrasados quando o trabalho que realizam é bom, mas não de excelência. O pensamento perfeccionista reforçado por professores os impede de perceber que ninguém é excelente o tempo inteiro. Ao contrário de muitas falsas crenças populares que sugerem que estudantes negros têm desempenho inadequado na faculdade por serem indiferentes ou preguiçosos, grande parte da inadequação que vejo é causada por medo de ser menos do que perfeito, de tentar atingir padrões inatingíveis. Isso leva estudantes ao desespero e à autossabotagem.

Professores que se importam e servem a seus estudantes estão, em geral, em dissonância com o ambiente em que ensinamos. Com muita frequência, trabalhamos em instituições nas quais o conhecimento foi estruturado para reforçar a cultura do dominador. Servir como forma de resistência política é fundamental, pois é uma prática de entrega que afasta a ideia de recompensa. A satisfação está no ato de se entregar, de criar o contexto para que estudantes possam aprender livremente. Quando, como professores, nos comprometemos com o servir, somos capazes de resistir à participação em formas de dominação que reforçam regras autocráticas. O professor ou a professora que continuamente servem afirmam, por meio da prática, que educar é seu interesse primordial, e não a autopromoção ou a afirmação do poder individual. A pedagogia convencional costuma criar um contexto em que o estudante está presente em sala de aula para atender aos anseios do professor ou da professora, contemplando sua necessidade, seja ela de ter um público, de ouvir ideias novas para estimular seu trabalho ou de afirmar dominação sobre estudantes subordinados. Essa é a tradição de abuso que professores zelosos buscam desafiar e mudar. Comprometer-se com o servir ajuda professores a se manterem responsáveis por oferecer aos estudantes um conteúdo ético em sala de aula. Cuidado e serviço ajudam a gerenciar a conduta de sala de aula.

O compromisso de servir por parte dos professores diminui a distância entre a formação educacional em escola pública e o ensino oferecido em faculdades e universidades. Nesse sentido, servir restaura a conexão entre os vários estágios da escolarização, enfrentando a separação artificial entre o aprendizado em escolas públicas e a experiência universitária. Os professores que podem perguntar a alunos e alunas "Do que você precisa para aprender?" ou "Como posso servir?" trazem ao trabalho de educar um espírito que honra o desejo de aprender dos estudantes. Atos comprometidos de cuidado mostram a todos que o objetivo da educação não é dominá-los nem os preparar para serem dominadores, mas, sim, criar condições para a liberdade. Educadores zelosos abrem a mente, permitindo aos estudantes acolher um universo de conhecimento que está sempre sujeito à mudança e ao questionamento.

ensinamento 8
superando a vergonha

Quando educadores avaliam as razões pelas quais alguns estudantes são reprovados enquanto outros são aprovados, raramente falam sobre a vergonha como uma barreira para o aprendizado. Enquanto os conservadores atacam as políticas de ação afirmativa e outras estratégias direcionadas à promoção de maior diversidade no ensino superior, cada vez mais temos notícias da reprovação de estudantes negros de origem social semelhante à dos colegas brancos com ótimos resultados nos exames regionais ou nacionais de desempenho escolar. Tomamos conhecimento de estudantes negros que apresentam desempenho aquém de suas habilidades. Ouvimos dizer que eles são indiferentes, preguiçosos, vítimas que querem usar o sistema para ganhar algo sem precisar dar nada em troca. Mas não tomamos conhecimento das políticas de vergonha e de humilhação.

No decorrer da história de luta pelos direitos civis para exterminar a discriminação racial, a exploração e a opressão, a liberdade com frequência foi determinada pelo nível de acesso das pessoas de cor aos mesmos privilégios desfrutados pelos brancos. Embutido nessa noção de liberdade está o pressuposto de que ter acesso é tudo de que se precisa para criar as condições de igualdade. O pensamento era: deixe as crianças negras frequentarem as mesmas escolas que as brancas e elas terão tudo o que é necessário para serem iguais e livres. Esse pressuposto omite o papel da desvalorização e da degradação, ou de todas as estratégias de humilhação, na manutenção da subordinação racial, sobretudo na área da educação.

Como todas as pessoas pertencentes a grupos subordinados que precisam lidar com os estereótipos negativos impostos em praticamente todas as circunstâncias em que dominadores comandam, as afro-estadunidenses viveram e seguem vivendo traumas, que em grande parte são uma reconstituição da humilhação. A autossegregação que pessoas negras promovem em espaços integrados, em especial naqueles em que pessoas brancas são o grupo majoritário, é um mecanismo de defesa para se protegerem de ataques humilhantes. Em *Facing the Shame: Families in Recovery* [Enfrentando a vergonha: famílias em recuperação], Merle Fossum e Marilyn Mason definem "vergonha" usando termos ligados à experiência:

> Vergonha é a sensação íntima de ser completamente inferior ou insuficiente. É o Eu julgando o Eu. Um momento de vergonha pode ser uma humilhação tão dolorosa ou uma indignidade tão profunda que o indivíduo se sente furtado de sua dignidade ou exposto como inadequado, ruim ou digno de rejeição. Uma sensação penetrante de vergonha é a constante premissa de que se é fundamentalmente mau, inadequado, defeituoso, indigno ou não plenamente válido como ser humano.

Uma das maneiras por meio das quais o racismo coloniza a mente e a imaginação de pessoas negras é a vergonha sistemática. O principal veículo para esse sentimento é a grande mídia.

As mensagens dessa mídia igualam negritude a ser mau, inadequado e indigno. Crianças negras entendem essas mensagens, que não são sutis nem secretas. Quase todo estadunidense tem televisão. Na maioria das residências, ela permanece ligada por pelo menos sete horas diárias. No ensaio "Mixed Signals: Race and the Media" [Sinais cruzados: raça e mídia], Alice Tait e Todd Burroughs apresentam este fato: "Pessoas afro-estadunidenses passam mais de setenta horas semanais assistindo à televisão — 20% a 35% mais do que pessoas brancas". Reconhecendo o profundo poder da mídia, os autores argumentam:

> Ela estabelece interesses, interpreta significados, confere status e, na pior das hipóteses, endossa comportamentos destrutivos. Seu impacto mais poderoso é nas crianças, que moldam suas definições e tiram conclusões sobre o mundo por meio das mensagens que recebem. Estudos realizados na década de 1990 mostram que crianças de todas as raças associam características positivas a personagens brancos que veem na televisão, e características negativas a personagens que pertencem a minorias.

Poucas crianças negras nascem num mundo em que estão protegidas do pensamento racista sobre a natureza da negritude. Mesmo que sejam criadas em bairros predominantemente negros e frequentem escolas para pessoas negras, elas estarão sujeitas ao pensamento supremacista branco. A grande mídia ataca a autoestima das crianças negras. E ela está em todo lugar.

Observar o impacto dos meios de comunicação de massa na autoestima das crianças negras/de cor é importante, porque ali elas encontram uma pedagogia de raça e racismo muito antes de entrar em qualquer sala de aula. Em geral, escolas, professores não conscientes e livros didáticos repletos de pensamentos supremacistas brancos reforçam a noção de que crianças negras são inferiores e indignas. Por exemplo, em uma sala de aula onde é ensinado às crianças que Colombo descobriu a América, como se o continente fosse anteriormente inabitado, o conteúdo transmitido a elas de forma dissimulada é que os nativos americanos e sua cultura não eram dignos nem tinham valor. E, mesmo que um professor ou uma professora adicione uma explicação sobre a cultura dos povos americanos originários, isso não intervém na percepção arraigada de que pessoas nativas são inferiores. Da mesma forma, quando alunos e alunas negros são ensinados que a presença negra no "Novo Mundo" começou com a escravidão e não com os africanos desbravadores e comerciantes que vieram para o "Novo Mundo" antes de Colombo, ou com alguns negros europeus livres que vieram individualmente em busca de tesouros antes do início da escravização, a mensagem que recebem é que os povos negros são sempre e somente subordinados a pessoas brancas. Sem uma contranarrativa (felizmente, muitas crianças negras aprendem contranarrativas em casa para que possam se defender dos ataques de desinformação), crianças negras/de cor internalizam a crença de que são inferiores. Se elas não internalizam completamente essa crença, podem ser consumidas por dúvida e medo. Uma autoestima ferida ou frágil torna o psicológico vulnerável, passível de ser humilhado.

Quando ataques à autoestima em espaços públicos (inclusive ambientes escolares) são associados a abusos traumáticos em uma família disfuncional, crianças negras que têm esse histórico problemático precisam se empenhar mais para construir noções saudáveis de si. Em todas as classes sociais, muitos pais afro-estadunidenses usam um modelo de disciplina e castigo que envolve humilhação. Por exemplo, se em casa dizem repetidamente a uma criança negra de pele escura que ela é ruim ou que precisa tentar não ser ruim, ela acaba internalizando o medo ou a crença de que não é digna. De acordo com os terapeutas Gershen Kaufman e Lev Raphael, isso deixa uma marca de humilhação. Em *Coming out of Shame* [Superando a vergonha], eles fornecem uma longa explicação sobre esse processo:

> A linguagem é outra maneira de reativar velhas cenas e reproduzir os sentimentos originalmente nelas vivenciados. Podemos sintetizar novas repetições de velhas cenas pela linguagem, como quando dizemos a nós mesmos frases idênticas às que outras pessoas nos disseram antes. Se sua mãe ou seu pai, por exemplo, disse repetidas vezes na sua infância: "Você nunca faz nada certo!", quando você se tornar adulto estará suscetível a dizer a mesma frase para si próprio, geralmente no mesmo tipo de circunstância. A frase dos seus pais se fixou à cena original, e, ao repetir a frase para si quando adulto, você está na verdade reativando aquela cena no presente. Quando reativada de um ou outro modo — cenas ou linguagem similares —, uma cena antiga penetra diretamente na consciência presente, em geral sem qualquer percepção de que isso está acontecendo. Então revivemos a cena no presente, com toda a força do efeito original.

Não há de surpreender ninguém, portanto, que aquelas crianças negras que foram incentivadas a se distinguir academicamente para provar que são dignas tenham comportamentos contraditórios em relação ao aprendizado e fiquem vulneráveis à humilhação.

Fui criada em um mundo segregado onde a educação era valorizada e, como todas as outras crianças ao meu redor, fui ensinada a estudar muito, a me esforçar para alcançar excelência acadêmica. Apesar disso, quando saí desse ambiente para frequentar uma faculdade majoritariamente branca, foi irritante ter de encarar o ceticismo de professores e colegas brancos que achavam uma pessoa negra inteligente algo anormal. Pessoas negras inteligentes sempre estiveram presentes em minha vida. Em contextos de predominância de brancos, a objetificação de "pessoas negras inteligentes" fez crescer o medo e a dúvida em mim — assim como o constante escrutínio (independentemente de ser real ou uma mera reação baseada no medo de estar em um ambiente racista) me levou, por um tempo, a ter um desempenho insatisfatório. Embora eu não entendesse de forma consciente, logo percebi que minha autoestima estava sendo atacada, que essa é uma das estratégias do dominador para restabelecer a subordinação. Diferentemente de estudantes negros hoje em dia, que se julgam indignos de serem inteligentes e fogem da excelência acadêmica, eu era julgada pelas pessoas brancas do meu ambiente. Até mesmo as pessoas brancas liberais que apoiavam e afirmavam minha presença agiam como se houvesse algo estranho e aberrante no fato de eu ser negra, mulher e inteligente. Com muita frequência, eram eles — e não estou falando sobre pessoas abertamente racistas — que me questionavam sobre minha origem. Às vezes eu sentia que, na mente deles, eu vinha da "selva" e eles queriam saber como eu tinha "escapado".

No ambiente educacional segregado do qual vim, fui reconhecida como uma boa escritora. Imagine minha sensação de perplexidade quando, em ambientes brancos, professores e professoras me perguntavam: "Alguém ajudou você a escrever este artigo?". Contrariando a noção de que nós, pessoas negras, estamos sempre com nosso detector de racismo ativado (como detectores de metal), comecei a faculdade plenamente convicta de que meus professores acreditavam em minha capacidade de aprender. Fiquei chocada quando fui forçada a confrontar o pensamento supremacista branco sobre a natureza da raça e da inteligência permeando as interações entre mim e meus professores. Como fui criada em um ambiente em que a resistência às violências raciais e ao pensamento supremacista branco era a norma, comecei a ver meus professores com certo ceticismo. Em vez de simplesmente aceitar os "julgamentos" que faziam de mim e de minha inteligência, eu buscava comentários críticos de pessoas em quem podia confiar.

Enquanto educadores não estiverem dispostos a reconhecer as formas explícitas e veladas de terrorismo psicológico que sempre estão presentes quando pessoas brancas não conscientes (bem como pessoas de cor não conscientes que internalizaram o pensamento supremacista branco) encontram pessoas de cor (sobretudo as que não estão em conformidade com estereótipos negativos), não haverá um entendimento útil sobre o efeito que a vergonha e a humilhação têm como forças que impedem estudantes de grupos marginalizados de ter um desempenho de excelência. Há pouco tempo, palestrando sobre a questão da autoestima, fui desafiada por uma estudante negra, prestes a terminar o doutorado, que compartilhou com o público: "Eu simplesmente não acho que autoestima seja assim tão importante". Depois, em uma conversa particular, ela me contou que haviam lhe oferecido um emprego como professora em uma das instituições da Ivy League[14] — e que seus orientadores estavam sugerindo que, para ela, seria melhor uma universidade de menor destaque. Eu a incentivei a pensar primeiro em suas necessidades. Então lhe propus cogitar se um doutorando branco, com uma proposta de emprego em uma instituição de elite, seria aconselhado a não aceitar o cargo numa universidade de prestígio para trabalhar em outra de menor destaque. Aconselhei a jovem a considerar aceitar o convite da universidade de elite, tendo o plano de mudar para outra instituição em alguns anos. Disse a ela que, durante o período lá, se concentrasse em ser uma excelente professora e acadêmica em vez de se preocupar com ser "julgada" digna o suficiente para obter estabilidade a longo prazo.

Quando me ofereceram o emprego de professora assistente em Yale (meu primeiro emprego "de verdade"), minha resposta imediata foi o medo, porque eu não tinha certeza se conseguiria "sobreviver" na Ivy League, vinda da classe trabalhadora e ciente de que não estava disposta a apoiar a cultura dominadora que era a norma naquela época. Uma autoestima saudável me permitiu escolher lecionar em Yale e não passar pelo processo para adquirir estabilidade. De modo geral, aquela foi a experiência de ensino mais gratificante de toda a minha carreira como professora. Na ocasião, Yale não era uma instituição justa na avaliação de pessoas marginalizadas quando o caso era oferecer cargos de estabilidade. Sabendo disso, deixei a universidade

---

14. Ivy League é o grupo formado por oito universidade de "elite" (em termos de excelência acadêmica, mas também por serem frequentadas por membros da elite econômica) dos Estados Unidos: Brown, Columbia, Cornell, Dartmouth, Harvard, Universidade da Pensilvânia, Princeton e Yale. [N.E.]

antes de ser avaliada. Eu acreditava que, se tivesse permitido que colegas não conscientes me avaliassem, eles teriam tentado acabar com essa minha mentalidade. Ainda assim, nada do racismo, do sexismo, do elitismo que encontrei em Yale ofuscou a alegria de educar que vivenciei ali, ensinando estudantes dedicados, compromissados, brilhantes, muitos dos quais eram pessoas de cor e mulheres brancas. Mais de dez anos se passaram desde minha época em Yale, mas meus alunos e alunas ainda estão em minha vida e ainda me permitem o privilégio de ensiná-los, mesmo fora da sala de aula.

Ao compartilhar essas experiências, espero chamar atenção para a necessidade de uma vigilância crítica quando estudantes de cor marginalizados (ou indivíduos marginalizados de qualquer grupo, isto é, um judeu em uma escola cristã, uma pessoa gay em um ambiente predominantemente heterossexual e heteronormativo) entram em ambientes que continuam sendo moldados pela política de dominação. Sem vigilância crítica, a humilhação como arma de terrorismo psicológico pode prejudicar uma autoestima frágil de modo irreparável. Autoestima não é preocupação exclusiva de pessoas negras ou indivíduos de grupos marginalizados. Muitos professores e professoras que lecionam em faculdades e universidades têm uma autoestima deficitária mascarada pelo manto de poder e privilégio que a profissão lhes concede. Assim como a supremacia branca ou a dominação masculina servem como espaço de privilégio que possibilita a pseudoautoestima, hierarquias acadêmicas consideram pessoas inteligentes como escolhidas e, portanto, mais merecedoras de reconhecimento do que as massas desprovidas de inteligência. Uma vez identificados como "escolhidos", professores e professoras muito inteligentes frequentemente sentem que é seu papel julgar estudantes, separar o joio do trigo. Como de costume, esse processo de triagem inclui rituais de humilhação. Imagine um professor que valoriza o teste emocional dos estudantes, para averiguar se eles têm a personalidade de quem é bem-sucedido na escola ou na carreira acadêmica, colocando-se diante de estudantes negros inteligentes e perguntando se eles entraram por meio de ação afirmativa ou por mérito. Essa pergunta pode ativar um forte sentimento de vergonha, e pode, como Kaufman e Raphael argumentam, evocar memórias de situações na infância nas quais a dignidade e o valor da pessoa foram questionados.

Kaufman e Raphael apontam a existência da "voz interior" de um "resíduo consciente de cena" que pode levar um indivíduo a se auto-humilhar. Por exemplo: uma criança negra a quem se repetiu muitas vezes que ela é burra e não deve se comportar de um jeito idiota diante de pessoas brancas pode ter medo de cometer deslizes. Diante de uma professora branca que as trata como se fossem burras, essas crianças provavelmente ativarão a voz interna da humilhação. Isso pode acontecer com um aluno extremamente inteligente, mas que talvez desconsidere seu valor porque sua voz interior afirma que ele é mesmo burro. Kaufman e Raphael sustentam que "os efeitos principais da humilhação no Eu são dissimulação, paralisia e um sentimento de invisibilidade". Eles argumentam: "O impulso de se esconder e desaparecer vem logo após a humilhação, porque queremos, desesperadamente, abreviar o julgamento doloroso". Eu acrescentaria a isso que ser objeto de intenso escrutínio pode desencadear o processo de reviver momentos dolorosos e humilhantes. Com frequência, estudantes negros, de cor e gays de todas as raças buscam as aulas onde são maioria, ou espaços sociais onde possam evitar ser "vistos" e humilhados.

Muitos estudantes negros talentosos e com habilidade acadêmica excelente têm desempenho insatisfatório em ambientes acadêmicos e contextos em que humilhar é uma prática comum. Em muitos casos, a simples experiência de ser "julgado" ativa sentimentos profundos de vergonha. Atrapalhar-se e ter desempenho medíocre são estratégias que ajudam a aliviar a ansiedade. Se eles temem que seu desempenho seja considerado insatisfatório, assim que puderem, para se sentirem melhor, esses estudantes vão agir como se fossem de fato medíocres. Há sérios tabus relacionados ao reconhecimento da humilhação. Alguns estudantes negros e colegas meus já tiveram uma crise emocional enquanto conversávamos em meu escritório sobre experiências negativas em ambientes predominantemente brancos. Eles expressam vergonha de se sentirem desonrados. Um aluno negro de pele escura confessou que, toda vez que lhe faziam uma pergunta em uma sala de aula onde todos eram brancos, ele se sentia aterrorizado com a possibilidade de falhar e sempre respondia enraivecido. Mesmo percebendo que essa reação o alienava de seus colegas, sentia-se paralisado.

Com acurada percepção, Kaufman e Raphael identificam a raiva como a reação mais comum à humilhação:

Quando a intensidade da humilhação atinge os níveis mais elevados, a fúria é desencadeada. Ela tem uma função vital de autoproteção: protege o Eu exposto. Em alguns momentos, a raiva mantém as pessoas distantes, escondendo o Eu. Evitamos uma aproximação maior, porque a revolta nos trancou para dentro e deixou os outros do lado de fora. Mas, em outros momentos, a

> fúria como reação à humilhação pode ser uma espécie de convite ao contato direto com quem nos humilhou — sem outra razão a não ser humilhar de volta [...]. É por isso que, se nos sentimos indignos ou inadequados [...], mascaramos nossa humilhação mais profunda com uma revolta aparente.

Não é raro que estudantes de cor e outros marginalizados sejam consumidos pela fúria. Essa raiva os transtorna, impedindo-os de tomar os passos necessários para restaurar a integridade da existência e a autonomia.

Até que o poder da humilhação seja levado a sério como uma ameaça ao bem-estar de todos os estudantes, sobretudo de indivíduos pertencentes a grupos marginalizados e subordinados, não há equipe de apoio, programação comportamental positiva nem recursos materiais que os conduzam à excelência acadêmica. Muitos professores brancos entraram na faculdade como estudantes inteiramente conscientes de que poderiam ser submetidos a rituais de humilhação para provar seu valor, seu direito de ser um dos escolhidos. Como consequência, eles talvez tolerem esses rituais sem se sentirem ameaçados ou destruídos. O mesmo não ocorre com estudantes vulneráveis de grupos marginalizados, que talvez entrem na faculdade (muitas vezes, sendo o primeiro membro da família a cursar o ensino superior) sem ter consciência de que rituais de humilhação podem acontecer. É possível que esses rituais criem dentro deles uma verdadeira crise que os faz duvidar tanto de seu valor quanto da razão pela qual estão na faculdade. Em geral, estudantes que vivem essas crises sentem que estão enlouquecendo. Eles se recuperam apenas quando se esforçam para sair da humilhação, apenas quando há professores progressistas que lhes dão espaço para sentir a vergonha, expressar seus sentimentos e passar pelo processo de cura.

Acadêmicos que usam a humilhação para acabar com a postura dos estudantes que desafiam e questionam tudo o que aprendem, os ambientes nos quais eles aprendem e os professores em cujas salas de aula eles entram estão engajados em formas de violência emocional. São abusivos. Apesar de raramente explícita, a violência dessas pessoas muitas vezes é cometida em nome da manutenção da hegemonia patriarcal supremacista branca imperialista no mundo acadêmico. Os estudantes não deveriam e não conseguem suportar sozinhos a responsabilidade de desafiar esses indivíduos. Professores precisam ousar intervir de forma crítica, não apenas em nome de um estudante como indivíduo, mas também em nome de nossa profissão. Quando uma estudante negra contou a duas professoras brancas, ambas acadêmicas feministas, que ela havia sido repetidamente humilhada por um professor branco, elas investigaram. Elas intervieram. E essa intervenção foi o ato de resistência crítica que afirmou o direito da estudante de ser respeitada, de ter sua formação garantida e seu direito ao bem-estar em uma faculdade predominantemente branca; essa intervenção afirmou sua autoestima.

Enquanto instituições educacionais continuarem a servir como ambientes em que as políticas de dominação em qualquer de suas formas são perpetuadas e mantidas, professores e professoras precisarão confrontar a questão da humilhação. Transmitindo respeito genuíno por colegas e estudantes (principalmente aqueles considerados como "o outro" ou como diferentes), podemos afirmar o direito de todos à autodeterminação. Kaufman e Raphael nos fazem lembrar que "todos os seres humanos permanecem iguais na repentina exposição criada pela humilhação":

A humilhação anuvia cada um de nós, e todo mundo encontra seu efeito alienante de alguma forma, em algum momento. Viver essa experiência por tempo suficiente para suportá-la, para poder transformá-la deliberada e conscientemente, é um desafio que não conhece fronteiras. No entanto, apenas ao enfrentá-lo poderemos algum dia ter esperança de reconstruir quem somos.

Ao escreverem especificamente sobre as experiências de homossexuais libertando-se da humilhação, Kaufman e Raphael oferecem reflexões que dizem respeito a qualquer membro de grupos marginalizados, explorados ou oprimidos, ou a qualquer indivíduo que viva os efeitos prejudiciais da humilhação traumática.

Quando a educação como prática da liberdade é afirmada em escolas e faculdades, podemos nos mover para além da humilhação, na direção de um lugar de reconhecimento que humaniza. A humilhação desumaniza. Não há lugar melhor do que a sala de aula — ambiente em que convidamos os estudantes a abrir a mente e pensar para além de todas as fronteiras a fim de questionar, confrontar e superar o secreto trauma da vergonha. Fazemos isso ao colocar em ação políticas de afirmação em que a diferença é respeitada e todas as vozes são consideradas dignas. Como professores, podemos fazer da sala de aula um lugar onde ajudamos os estudantes a superar a vergonha. Podemos permitir a eles vivenciar sua vulnerabilidade em uma comunidade de aprendizagem que ousará apoiá-los se hesitarem ou falharem quando provocados por situações passadas de humilhação — uma comunidade que sempre os reconhecerá e os respeitará.

ensinamento 9

guardiões da esperança: o ensino em comunidades

Quando publiquei *Ensinando a transgredir: a educação como prática da liberdade*, incluí um diálogo com Ron Scapp. Temos o prazer de ser colegas e também grandes amigos. Em seu mais recente livro, *Teaching Values: Critical Perspective on Education, Politics, and Culture* [Ensinando valores: uma perspectiva crítica sobre educação, política e cultura], Ron afirma:

> [...] há uma necessidade real (um imperativo ético) de romper e desafiar atos simples de privilégio, e uma das maneiras de iniciar esse processo é ouvindo e conhecendo aqueles para quem esse tipo de ato não é fácil. Assim, é evidente que para professores brancos, heterossexuais, homens, com estabilidade de emprego e relativa segurança financeira isso significa ler, ouvir e conversar com várias pessoas — entre elas, pessoas de cor.

Ainda vivemos em uma cultura na qual poucas pessoas brancas incluem pessoas negras/de cor em seus relacionamentos íntimos de amor e amizade de modo plenamente antirracista. Ainda precisamos ouvir sobre como a inclusão da diversidade muda a natureza da intimidade, sobre como percebemos o mundo. Quando saio por aí com Ron demonstrando de forma explícita, por meio de nossa linguagem corporal e verbal, que somos próximos e íntimos, isso altera a maneira como sou vista, como ele é visto. Esse é mais um exemplo de como a raça importa em um contexto patriarcal supremacista branco. É ainda importante para nós registrar esses momentos em que atravessamos fronteiras, o processo por meio do qual construímos comunidade. O diálogo a seguir dá continuidade ao primeiro. Foi espontâneo, não tínhamos perguntas prontas nem alteramos o que dissemos. Eu o compartilho como testemunho de uma comunidade verdadeira, de amor verdadeiro e do que fazemos para manter a verdade dessas relações.

BELL HOOKS | Dez anos se passaram desde que falamos sobre as interseccionalidades de raça, classe e gênero e de seus impactos em nossas comunidades de ensino e aprendizagem e em nossas tentativas de criar laços como colegas, como amigos. Desde aquela época, você se tornou muito mais engajado em estabelecer regras educacionais e dialogar com quem formula essas políticas. Quais são algumas das principais questões que você enfrenta ao conversar sob uma perspectiva não preconceituosa com pessoas que ainda estão aprisionadas, que continuam sustentando hierarquias de raça, sexo e classe?

RON SCAPP | Uma questão atual é o esforço para construir confiança. Muitas pessoas em cargos que oferecem a oportunidade de determinar políticas educacionais ficam desconfiadas, desde o início, quando encontram alguém que apresenta estratégias antirracistas, sobretudo novas ideias.

BH | Fale mais sobre por que a confiança é importante.

RS | Confiança é um assunto fundamental, porque essas pessoas se dedicaram muito a tudo que já colocaram em prática. Elas podem sentir necessidade de proteger o *status quo*. Qualquer questionamento, mas sobretudo quando indica racismo por parte dessas pessoas, faz com que desconfiem do que isso sugere em relação a elas. Meu objetivo é mostrar que partilhamos a preocupação mútua de tornar a educação melhor — de criar condições satisfatórias para todos os estudantes aprenderem e para professores e professoras realizarem seu trabalho da melhor maneira possível; essa é a meta comum que podemos compartilhar e a base para confiarmos um no outro.

BH | Esse medo de ser descoberto como alguém que tem alguma falha pessoal é uma das maiores barreiras para desenvolver consciência crítica, ainda mais sobre a dominação racista e sexista. Uma vez que a prática de pensamento crítico requer de todos nós engajamento em algum grau de avaliação crítica, tanto de si quanto do outro, ajuda muito se conseguirmos engajar as pessoas de tal forma que elas se autoquestionem espontaneamente, em vez de apenas responderem de maneira reativa a desafios exteriores.

RS | Quem formula políticas em geral encara questionamentos como ataques pessoais e não enxerga a pessoa que questiona como integrante de um time, alguém que quer melhorar a situação de professores, professoras e estudantes.

BH | Quais são algumas das suas estratégias para intervir nesse medo e criar um senso de comunidade e envolvimento compartilhados?

RS | Um esforço que faço quando abordo um grupo pequeno de formuladores de políticas é compartilhar histórias como um gesto de intimidade, estabelecendo contato pessoal, recuperando momentos de minha atividade de ensino e do trabalho administrativo em que precisei me engajar em vigilância crítica e enxergar o impacto residual da influência do racismo no meu processo de tomada de decisões.

BH | Nos anos depois do nosso primeiro contato aprendi que, quando as pessoas se sentem diretamente ameaçadas (como em "você está me rotulando de racista e sexista"), elas se fecham ou se colocam na defensiva. Como você, compartilho narrativas pessoais para lembrar às pessoas que estamos todos nos esforçando para elevar a consciência e descobrir o melhor jeito de agir. Mesmo assim, nem todos estão comprometidos com a educação como prática da liberdade. Tenho certeza de que você encontra muitas pessoas que não enxergam conexão entre liberdade e educação.

RS | Ainda que essas pessoas possam impedir um diálogo genuíno, o que sempre acaba acontecendo é que elas se tornam menos significativas para seus colegas quando vozes mais progressistas falam de forma direta a partir de um lugar de experiências vividas, sem tom de superioridade moral ou política. Isso permite às pessoas que em geral hesitam antes de falar ou que permanecem em silêncio aprender a lidar com seus preconceitos ou reações habituais. Elas se envolvem em diálogos críticos. Um exemplo disso é a afirmação de que "racismo não existe mais, todas as oportunidades foram dadas aos negros e eles continuam reclamando". As pessoas perguntam: "Por que deveríamos gastar mais dinheiro com novos recursos para estudantes pobres da cidade quando tanto dinheiro já foi gasto para nivelar as bases e os resultados ainda não refletem mudanças significativas?". Respondo chamando a atenção para vários exemplos de estudantes das classes média e alta que recebem recursos extras da própria família (aulas particulares para desenvolver habilidades acadêmicas, treinamento esportivo), além de recursos materiais (isto é, computadores e softwares atualizados) que proporcionam evidente vantagem acadêmica. Quando digo que alunos e alunas de origens privilegiadas ainda são predominantemente brancos, fica explícito que raça e classe continuam a desempenhar papel central na preparação acadêmica.

BH | Conservadores, no entanto, gostam de ressaltar o fato de que estudantes negros de classes privilegiadas, nos exames nacionais, apresentam desempenho inferior ao de estudantes brancos. Para eles, isso prova que classe não é um fator. Na verdade, eles estão pressupondo que classe diz respeito apenas a dinheiro, e não a experiências culturais compartilhadas, a uma linguagem comum. Na prática, a linguagem empregada nesses testes é reflexo direto tanto de códigos racializados quanto de códigos de classe. Ainda que um aluno negro de classe média tenha acesso aos mesmos recursos materiais que um aluno branco de classe média, ele pode operar de acordo com códigos culturais radicalmente diferentes.

RS | Um aspecto da minha tarefa como educador progressista é delinear essas diferenças sempre que possível e ajudar as pessoas a entender que essas coisas impactam o fato de os estudantes aprenderem ou não e a maneira como isso acontece.

BH | O que mais mudou em seu pensamento nos últimos dez anos, à medida que você tentava criar maior consciência sobre a necessidade de modos de pensar não preconceituosos?

RS | A mais importante percepção foi a da necessidade de estabelecer um sentimento genuíno de comunidade baseado na confiança — nas práticas de ensino e no trabalho administrativo —, e não apenas em proficiência e conhecimento. Essa é uma observação simples, o que não diminui sua vitalidade e seu poder. Muitos professores e professoras, da educação infantil ao ensino superior, que trabalham com públicos diversos são desafiados a reconhecer a importância do comprometimento genuíno com o bem-estar e o sucesso de todos os estudantes, e não apenas daqueles considerados dignos porque vêm de contextos privilegiados. Esses professores e professoras não podem supor que o simples fato de terem informações valiosas das quais os estudantes precisam saber os conecta automaticamente ao sentimento de comunidade.

BH | Criar confiança geralmente significa descobrir o que temos em comum, bem como o que nos separa e nos diferencia. Muitas pessoas temem encontrar diferenças porque acham que as nomear com sinceridade levará ao conflito. A verdade é que a nossa negação da realidade da diferença criou um contínuo conflito para todos. Nós nos tornamos mais sãos quando enfrentamos a realidade, abandonamos noções sentimentais como "somos todos humanos, todos iguais" e aprendemos tanto a explorar nossas diferenças, celebrando-as quando possível, quanto a confrontar com rigor as tensões quando elas aparecem. E será sempre vital e necessário para nós saber que somos todos muito mais do que nossas diferenças, que não é apenas o que compartilhamos organicamente que pode nos conectar, mas o que passamos a ter em comum porque desempenhamos o trabalho de criar comunidade, a unidade dentro da diversidade, que exige solidariedade dentro de uma estrutura de valores, crenças e desejos que sempre transcendem o corpo, desejos que estão relacionados a um espírito universal.

RS | Isso é importante sobretudo para aqueles que estão comprometidos com a educação como modo de apoiar o processo democrático genuíno e a justiça social. Capacitar os estudantes a pensar de forma crítica por si sós permite a eles resistir às injustiças, se unir em solidariedade e realizar a promessa da democracia.

BH | Em seu livro publicado recentemente, *Teaching Values*, você incentiva educadores progressistas a se recusar a entregar o discurso de valores para a direita e a fazer com que sejamos ouvidos. Você nomeia os valores que seguimos e são essenciais para um processo democrático, para a educação como prática da liberdade.

RS | Valores como generosidade, coragem e disposição para reconsiderar crenças antigas.

BH | Que é o que eu chamo de abertura radical. Mesmo que discorde de muitos argumentos presentes em *The Closing of the American Mind* [A rigidez do pensamento estadunidense], de Allan Bloom, amei o título porque ele estrategicamente evoca o valor da abertura mesmo que o livro não tenha defendido o pensamento compreensivo. O desejo de manter a mente aberta é a garantia contra qualquer forma de pensamento doutrinário, seja ele da direita ou da esquerda.

RS | A insistência da direita no argumento de que a educação progressista leva ao relativismo moral e cultural impediu o diálogo genuíno sobre os valores que constituem a democracia.

BH | Um dos usos mais poderosos da grande mídia tem sido a falsa representação de professores progressistas como culpados por impedir debates nos campi universitários e em comunidades escolares, em vez de mostrar as forças da direita fechando as portas a todos os modos de pensamento que se apresentam como alternativa à cultura do dominador. E, sim, sabemos que existem indivíduos críticos à cultura do dominador que são rígidos, mas não são mais rígidos do que seus pares conservadores. Nem representam ameaça maior. De fato, um estudante que encontre um educador progressista doutrinador tem mais chances de se afastar do politicamente correto ou de qualquer pensamento limitado por causa do contato com discursos plurais proporcionado ao longo do percurso. Enquanto um educador de direita que seja rígido raramente adota, em seu programa de estudos, materiais que apresentem um espectro amplo de perspectivas acadêmicas e de ideologias políticas.

RS | É por isso que educadores progressistas, educadores democráticos, devem estar sempre alertas em relação a verbalizar esperança e promessa, bem como oposição às forças dominantes que calam o livre discurso e diminuem o poder do diálogo.

BH | As conversas que temos nos estimulam. Elas nos levam de volta à estaca zero e nos ajudam a fortalecer ideias. Continuamos a apoiar um ao outro como amigos, como colegas, atravessando as fronteiras de raça, gênero e status. Nos últimos dez anos, eu me demiti de um cargo com estabilidade enquanto você fortaleceu seu lugar na academia. À medida que nossa localização muda, nosso diálogo também muda. Eu me preocupo que você, por exercer também tarefas administrativas, fique paralisado cada vez mais numa hierarquia convencional que mudará sua linguagem e o levará a falar a partir dos mesmos lugares de privilégio, raça e gênero que você tanto criticou.

RS | Esse é um pensamento verdadeiro e genuíno. Mas é parte da diversão de ter camaradas próximos que o desafiam e o fazem ser sincero quanto ao que você defende.

BH | Você e eu, juntos, fortalecemos os vínculos de proximidade pessoal e solidariedade profissional por sempre mantermos um espaço onde ouvimos um ao outro quando o outro propõe indagações críticas, quando questionamos um ao outro. Em questões relacionadas à raça, com frequência trago a você a perspectiva de alguém que vê o mundo de forma diferente, devido aos diferentes lugares nos quais estou e aos quais você, como homem branco, não terá acesso.

RS | Mais uma vez, quero afirmar que esse é o motivo pelo qual a construção de confiança ao longo de um processo de ação concreta, junto com o cultivo dos valores da coragem e da civilidade combinados ao compromisso com a comunidade, é necessária se quisermos encontrar unidade em meio à diversidade. Todas essas são qualidades essenciais que devem ser alimentadas quando buscamos construir amizade e parceria dentro da academia, nas escolas públicas (um dos últimos bastiões da democracia apoiada pelo Estado) e em todos os ambientes onde os valores são questionados e incorporados.

BH | Você pode falar sobre o que pensa e como se sente quando eu o desafio? Como naquela vez em que você falou comigo de um modo que senti certa superioridade de homem branco, e eu lhe disse: "Ron, você está sendo muito impositivo". Como você se sente quando eu o critico? Na maior parte do tempo você se vê como o cara bom, o cara que está lá fora dando duro pela justiça na vida cotidiana e na sala de aula. Nós dois sabemos disso, mas você pode sempre assumir uma posição que reafirma o privilégio do homem branco.

RS | Como muitas pessoas que eu desafio, também sinto a emoção, o constrangimento e a raiva quando percebo que fui acusado de ser dominador, não importa quão gentil ou categórica essa acusação seja. No entanto, cultivei a habilidade de parar e considerar de forma crítica minhas ações, de refletir. Essa é a prática crítica que torna a solidariedade possível — o que não significa que jamais venhamos a errar ou nos livrar do medo de ser racistas ou dominadores, ou de simplesmente ferir outras pessoas com nossa ignorância.

BH | Um dos momentos mais desafiadores da nossa intimidade intelectual e de nossa amizade aconteceu quando eu estava sendo filmada por meu amado amigo e parceiro Marlon Riggs para o filme *Black is... Black Ain't* [Negro é, negro não é] (1994).

Sem pensar em raça, eu havia convidado você para ir ao estúdio. Uma vez que a intimidade verdadeira é construída atravessando as diferenças, não é que nos esqueçamos delas, mas deixam de se constituir como desigualdades ou alavancas de poder injustas que nos separam, de forma que não pensamos sobre a relevância de raça e gênero, pelo menos quando estamos juntos. Ainda que eu não me esqueça de que você é um homem branco apresentável (esta é uma cultura voltada para a aparência; do ensino fundamental em diante, sabemos quanto ela determina se as pessoas serão tratadas de forma justa e respeitosa), isso não significa que você se afirme como um dominador ou que eu aceite que você use o privilégio de homem branco.

RS | Aquele foi um dia bastante intenso emocionalmente. Nós dois entramos e sentimos a intensidade dos ânimos conflitantes. Mesmo tendo sido bem recebido, era nítido que eu estava sendo observado.

BH | Como parte do seu respeito pelas políticas de raça, você já havia afirmado que, se sua presença fosse de alguma forma "perturbadora", iria embora. Ainda assim, percebi que precisava combinar com Marlon antes de chegar ao estúdio acompanhada de um homem branco e hétero. Ele foi tranquilo em relação a isso. Mesmo assim, quando chegamos, ficou explícito que todos ali eram negros, que eu era a única mulher e você, a única pessoa branca, que gays e bissexuais eram a maioria. Meu sinal de alerta foi acionado. Eu sabia que aquela poderia ser (como foi) minha última vez trabalhando com o Marlon. Ele estava doente e aos poucos seu estado se agravava, estava além do ponto em que ainda se espera a possibilidade de um milagre. O milagre foi ele estar tão doente e ainda trabalhando duro, tão vivo, mesmo já nos braços da morte. Aquele foi um momento profundamente íntimo.

RS | Naquele ambiente, eu sabia que precisava respeitar o estado de ânimo que dominava. Na maior parte do tempo, homens brancos se dão ao luxo da alienação, evitam perceber o estado de ânimo e usar a empatia. Sentir o clima e estar aberto é resultado de um exercício de respeito, uma disposição para reconhecer que você pode não ser — e não será — automaticamente aceito em todos os lugares aonde for. A prática da "pausa" é uma prática de respeito. Ela lhe permite perceber e acessar os sentimentos das outras pessoas, sem violar aquele espaço com sua insistência sobre ter o direito de estar em qualquer lugar onde queira. Pausar, demonstrando deferência àqueles que talvez o rejeitem, dando a eles a oportunidade de ficar em dúvida e, possivelmente, rejeitá-lo, é uma forma de repudiar o privilégio do homem branco, bem como um caminho para permitir que outros estejam na posição de quem escolhe, de autoridade.

BH | Essa é uma lição de vida muito importante, porque em geral são as pessoas brancas que querem frequentar o espaço da negritude as que mais perdem o controle se não têm acesso imediato e inquestionável. Elas são as pessoas que ficam revoltadas se seu desejo de estar ali é negado ou adiado, ou se simplesmente não é o momento adequado para estarem presentes.

RS | Por isso é importante, quando desafiamos o racismo ou qualquer hierarquia injusta, aceitar momentos desconfortáveis, constrangedores e até mesmo de rejeição. Reconhecer essa possibilidade sem recusa, aceitar julgamentos daqueles considerados "os outros". Ainda queremos, como pessoas brancas, estar no centro, mesmo que sejamos a minoria.

BH | Naquele dia, aprendemos quanto nossa consciência emocional pode servir como uma força que nos une em comunidade e nos possibilita transcender a diferença. Naquele dia, fomos todos unidos por uma solidariedade divina. Foi uma experiência muito tocante. Raça, gênero, rótulos de sexualidade, todas aquelas construções humanas abriram caminho para a experiência emocional de criar arte diante da perda iminente. Você estava totalmente presente no momento. Nada sobre a sua branquitude o separou de nós. A presença da morte pode fazer isso. Ela pode nos fazer compreender o valor real de tudo.

RS | Aquele sentimento de comunidade que ultrapassa fronteiras só foi alcançado devido à incrível generosidade de todas as pessoas presentes. A confiança foi estabelecida no começo, quando demonstrei pelo meu comportamento que eu não estava ali para assumir o controle e estava preparado para ficar em silêncio, para fazer qualquer tarefa que me designassem, ou ir embora. Em vez disso, essa experiência de um espaço compartilhado, de heterossexuais sendo orientados pela genialidade e criatividade dos homens negros gays, nos aproximou mais. Nossa amizade foi compartilhada e testemunhada como a mostramos, com nossa interação; podemos estar juntos, criticar a branquitude, desmantelar estruturas de privilégio e permitir que o amor enraizado na parceria seja o laço que nos conecta.

BH | Nossa amizade, que foi fundamentalmente arraigada no ativismo antirracista, no compartilhamento de nossas vulnerabilidades e de nossas forças, sempre me dá esperança. Quando eu sinto que não há solução para a vasta maioria dos homens brancos devido à teimosa recusa deles de trabalhar por justiça e mudança, você compartilha alguma história sobre seu trabalho, sobre o modo como se conduz no mundo, e isso me faz lembrar que a mudança é possível, que a luta é contínua.

RS | Sua presença em minha vida todos esses anos me proporcionou apoio, direção e amor. Se eu pudesse compartilhar o que aprendi com minha experiência de estabelecer vínculo com uma feminista negra incrivelmente poderosa e inteligente, seria que o engajamento sincero, justo e apaixonado com a diferença e com a alteridade me dá oportunidade de viver com justiça e amor. A diferença potencializa a vida. E isso não pode ser confundido com noções superficiais de inclusão ou de vivenciar uma diversidade na qual uma pessoa permanece em espaço de privilégio enquanto se aproveita daqueles que são considerados "os outros". Falo da diversidade que permite a uma pessoa ser fundamentalmente tocada, totalmente transformada. Os resultados dessa transformação são a mutualidade, a parceria e a comunidade.

BH | Infelizmente, contaram às pessoas, sobretudo depois dos trágicos eventos do Onze de Setembro, a mentira de que encontrar a diferença enfraquece o espírito — quando é bem o contrário, ela nos dá a oportunidade de nutrir um crescimento espiritual e intelectual de novas e diversas maneiras. Este diálogo é mais uma ocasião para comprovarmos, para sermos exemplo de solidariedade duradoura e vital entre um homem branco e uma mulher negra. Assim como nossa amizade nos dá a intimidade e o amor de que precisamos, nós somos a comprovação pública de que há esperança. Os leitores podem ter certeza de que conexão genuína e comunidade são possíveis.

ensinamento 10

aprendizado progressista: um valor de família

Assim como a família costuma ser base de treinamento para a vida em comunidade, ela também é o lugar em que nos é dada, pela primeira vez, a noção sobre o significado e a importância da educação. No livro autobiográfico de Scott Sanders, *Hunting for Hope* [Em busca de esperança], ele nos lembra que:

> Família é a primeira comunidade que a maioria de nós conhece. Quando famílias se desmancham, como está acontecendo agora em um ritmo sem precedentes, aqueles que sofrem com o rompimento perdem a fé não apenas no casamento, mas em todos os laços humanos. Se a compaixão não alcança o outro lado da mesa de jantar, como ela poderá alcançar o outro lado do mundo? [...] Muitos jovens que me abordam com o questionamento sobre como encontrar esperança têm receio de se comprometer com qualquer pessoa porque já se magoaram demais em brigas dentro de casa. Continuo esperançoso em relação à comunidade, pois minha própria experiência em família, apesar dos momentos de tensão, é repleta de graça.

A crise nas famílias descrita por Sanders resultou em uma crise educacional. A família disfuncional e com frequência patriarcal em geral é um sistema autocrático, controlado por regras, em que o desejo de aprender é logo suprimido do espírito das crianças e das mulheres adultas. Independentemente de classe ou nível educacional, as famílias que apoiam crianças e adultos na busca por educação proporcionam uma base positiva.

Mesmo que minha mãe não tenha terminado o ensino médio (já mais velha, ela se esforçou para obter um diploma), quando estávamos crescendo ela instilou em todas as filhas e no filho o desejo de aprender. Nesse ponto tinha o apoio de nosso pai, que víamos e vemos sempre lendo e se informando sobre os acontecimentos globais. Meu pai era e é um pensador crítico. Trabalhador influenciado pelo contexto cultural dos anos 1940, orientado pelos trabalhos de Paul Robeson, James Baldwin e Roy Campanella, escritores negros cujos livros estavam em sua estante, para nós ele personificava a importância de aprender a ler e pensar e do letramento crítico. Agora idosos, Veodis e Rosa Bell Watkins continuam a apoiar os esforços das filhas e do filho para se educarem. Apoiaram essas sete pessoas na jornada rumo ao ensino superior. Eles têm orgulho dos professores da família. Mesmo assim, não tem sido para eles um processo fácil ser mãe e pai de uma intelectual "famosa" que muitas vezes usa a história de vida deles como parte de suas aulas sobre ensino. Eles nem sempre ficam felizes com o que eu conto, nem sempre confirmam positivamente meu direito de contar. No entanto, sempre me apoiam. A "fidelidade" e a lealdade deles em relação a mim e o apoio de meus irmãos (minhas irmãs e meu irmão) têm sido uma importante fonte de amparo quando me atrevo a criar e a apresentar ideias para um mundo que ainda não está completamente aberto a elas.

Preocupada com a ética de compartilhar conteúdo sobre a vida deles, usando suas histórias em meu trabalho, costumo conversar com minha família primeiro, para ver se aceitam que eu escreva sobre eles. Obviamente, algumas vezes concordam, mas ainda se sentem chateados, incomodados e às vezes com bastante raiva quando leem minha obra e o que digo sobre a vida familiar. Há alguns anos, escrevi esta carta para Veodis e Rosa Bell Watkins:

Estou escrevendo a vocês dois para dizer que sinto muito se os magoei ao compartilhar com o público as experiências que me afetaram profundamente. Não é minha intenção nem meu desejo causar-lhes dor. E se minhas ações os estão ferindo, por favor, me perdoem. Por toda a minha vida trabalhei para ser uma pessoa aberta e honesta, que nada tem a esconder, que não sente vergonha do que aconteceu na vida, e, mesmo que eu tenha escolhido falar sobre memórias dolorosas em minha obra, falo também sobre memórias alegres. Não há dor do passado que eu não tenha perdoado, mas perdão não significa esquecimento. Acredito profundamente que, falando sobre o passado, entendendo as coisas que nos aconteceram, podemos nos curar e seguir em frente. Algumas pessoas acreditam que é melhor esquecer o passado e nunca mais falar sobre o que aconteceu e nos magoou; esse é o jeito delas de lidar com a dor — mas lidar não é curar. Quando confrontamos o passado sem sentir vergonha, nos livramos de suas amarras.

Ao falar com familiares e amigos, ou qualquer outra pessoa, sobre acontecimentos do passado, não o faço para culpabilizar nem para sugerir que tudo foi "ruim", nem para dar a entender que vocês, meu pai e minha mãe, foram pessoas horríveis.

Sinceramente, acredito que vocês dois, mãe e pai, fizeram o melhor que puderam para nos criar, dadas as circunstâncias — tudo o que aconteceu com vocês em suas famílias de origem, sendo que muitas das situações se tornaram traumas mal resolvidos. Sou grata por todo o cuidado que ambos têm por mim; essa gratidão pode coexistir, e de fato coexiste, com uma consciência crítica de coisas que foram feitas e não foram positivas, amorosas ou estimulantes para meu crescimento espiritual e emocional.

Como uma escritora que escolheu escrever textos autobiográficos e compartilhar histórias em artigos críticos, percebo que tornei públicas informações que vocês não compartilhariam. Minha esperança é que vocês respeitem meu direito de contar minha história como a enxergo, mesmo que nem sempre concordem com o que está sendo dito ou com a decisão de falar abertamente em público sobre assuntos familiares.

Ao longo dos anos, tenho me sentido especialmente orgulhosa da forma como dialogamos juntos. Tenho orgulho da minha proximidade com você, pai, já que ficamos afastados por tanto tempo. Mesmo que eu saiba que papai nem sempre concorda com minhas perspectivas, acredito que ele continuará a respeitar minhas escolhas assim como eu respeito sua necessidade de silêncio — de recusar a memória. Pai, eu te amo muito. O fato de falar sobre a dor do passado não significa que eu tenha raiva de você nem que seja incapaz de perdoar. Na verdade, tenho orgulho do modo como você cresceu e se tornou um homem cuidadoso e amoroso no decorrer dos anos, e o admiro por isso; todos nós admiramos. Em suas ações, você com certeza compensou o que fez no passado. E acredito que entenda a razão pela qual eu, uma escritora, uma pensadora crítica, uma intelectual, falo de coisas tão difíceis. Talvez, se você compartilhar esse entendimento com a mamãe, ela não fique tão magoada e brava. Vocês dois nos ensinaram que "nunca somos velhos demais para aprender".

Compartilhar memórias dolorosas não nega as memórias positivas. Se não houvesse tantos aspectos maravilhosos de minha infância, eu não buscaria fortalecer nossa proximidade nem falaria com vocês sobre mim, sobre meu trabalho. É a presença de tanta coisa "boa" que nos mantém juntos como família. Para ficarmos juntos, e para estimar nossa aproximação, portanto, temos de ser abertos e honestos, compartilhando tanto as alegrias quanto as dores.

Sempre buscando compartilhar conhecimento com a família, com meus pais, irmãs e irmão, encontro dificuldades. É um grande esforço, sobretudo, confrontar o sexismo do meu pai e do meu irmão. Nunca quis ser uma educadora que oferece em sala de aula um conhecimento que não busca compartilhar nos ambientes familiares. Assim, creio criar conexão entre minha atividade profissional e minha vivência em ambientes íntimos. O pensamento de mente fechada que desafio na sala de aula deve ser frequentemente desafiado em nossa família, desde o auto-ódio racial internalizado à homofobia e ao fundamentalismo cristão que vê todas as outras práticas religiosas como satanismo. Assim como desafio abertamente os membros da minha família, preciso estar aberta às críticas deles em relação a mim e a minhas ideias. Essa disposição mútua para ouvir, argumentar, discordar e construir paz é o resultado positivo de nosso comprometimento coletivo, como família, com o aprendizado. Essa é a educação como prática da liberdade.

Modestos e humildes, Rosa Bell e Veodis, mamãe e papai, afirmaram que meu sucesso é reflexo de minha habilidade, e não de seu investimento. Isso não é verdade. O apoio que me deram na educação causou uma impressão poderosa em mim. Minha mãe, Rosa Bell, não foi criada em uma família para a qual educação importasse (sua mãe não sabia ler nem escrever). Mamãe dizia: "Incentivei vocês todos a estudar porque eu queria que tivessem a oportunidade que não tive". Leitora ávida quando criança, os ideais de mamãe com sua educação e seus sonhos de se tornar escritora não se realizaram. Ela ainda não decidiu fazer faculdade, apesar de a incentivarmos. Ela diz que não fica surpresa com o fato de eu ser uma defensora explícita da liberdade de expressão e uma intelectual bem reconhecida, porque "você sempre teve inclinação para se expressar; amava ler e escrever". Papai conta que fica surpreso por eu ter me tornado reconhecida, pois, "apesar de você ter sido uma menina inteligente, sempre foi um pouco 'afetada' [louca] e um pouco tímida".

Entre nossa família, compartilhamos livros que gostaríamos de ler uns com os outros. Mesmo que todo mundo reclame de assistir a filmes comigo, eles querem ouvir o que eu penso. Nosso irmão, Kenneth, decidiu que deveríamos todos ver *Titanic* (1997) juntos, porque foi um filme que o tocou. Nunca seria minha escolha. Nós assistimos e então tivemos um debate empolgado e crítico sobre ele. Quando trabalho com famílias da classe trabalhadora preocupadas com o fato de que seus filhos não estão lendo nem escrevendo, enfatizo a importância de terem tempo para leitura compartilhada em família e de se engajarem em debates, mesmo que essa atividade dure apenas dez minutos. Compartilho a importância do engajamento em discussões críticas sobre o que assistimos na televisão e nos filmes.

Sarah e Theresa, minhas irmãs mais velhas, são mulheres francas. Sarah é professora, e Theresa trabalha em um hospital psiquiátrico. Theresa é a irmã que sempre me apoia e nunca se sente ameaçada pelo que escrevo. Enquanto crescia, ela também era punida por ser sincera, por isso entende a necessidade de defender a liberdade de expressão, as vozes dissidentes. Sarah compra mais livros da bell hooks do que qualquer outro membro da família, mas eu os enviaria a ela com prazer. Ela já ficou furiosa, no passado, com meu trabalho, principalmente porque percebe que ele causa dor à mamãe. Como filha mais velha, sempre esteve mais próxima dela e foi a mais protetora.

Embora trave diálogos intensos com todos — minhas cinco irmãs, Sarah, Theresa, Valeria, Gwenda e Angela, e nosso irmão, Kenneth —, Gwenda e Valeria são aquelas com quem mais compartilho meu trabalho, pois as atividades delas têm pontos de convergência com a minha. Valeria é psicóloga clínica. Moramos juntas em um dúplex. Cada uma de nós tem seu próprio espaço, e os livros viajam para cima e para baixo pelas escadas. Gwenda é professora de ensino fundamental em Flint, Michigan; ela também já trabalhou como diretora substituta. Gwenda sempre me convida para dialogar com seus alunos e alunas, com a escola inteira, e me acompanha em várias conferências e debates. Ela me disse: "Fico maravilhada, simplesmente maravilhada com a sua habilidade de se colocar diante do público e falar, falar o que pensa, contando as coisas como elas são, sem medo". Dentre minhas irmãs e meu irmão, Gwenda tem sido a mais compreensiva em relação ao uso da autobiografia em minha obra, mesmo quando nossas interpretações diferem. Ela sente que ensinei a ela muito sobre autoestima, que, "se você realmente se doar, receberá de volta muitas coisas". Ao me ver falar, diz que aprendeu que "educação é poder". Inicialmente não concluiu seu bacharelado, porque se casou, se tornou mãe e dona de casa. Conforme foi adquirindo consciência feminista, ganhou ânimo para retomar os estudos. Ela me confessou que, uma vez, me visitou na Califórnia e eu a interroguei sobre sua vida, perguntando se ela se sentia realizada, e que aquilo a fez pensar. Meu apoio, tanto emocional quanto financeiro, potencializou seu entusiasmo para voltar aos estudos e terminar a graduação, e depois entrar em um programa de mestrado que ela agora concluiu.

Gwenda sente que as mais importantes recompensas dos estudos e do aprendizado, de ter voltado para a escola, foram a autorrealização, a independência e o aumento da autoestima. Assim como nossa mãe, Gwenda está casada com um homem patriarcal que não tem sido genuinamente solidário aos esforços dela ou à sua carreira profissional. Ela diz: "Mesmo que a mudança tenha sido para melhor, ela não tornou a vida menos difícil". Gwenda não teria se autodenominado feminista anos atrás, mas "hoje, sim". Suas ideias mudaram porque ela "aprendeu que era aceitável ser uma pensadora feminista". Por ler bell hooks e outras escritoras feministas, ela adquiriu "um entendimento real sobre o feminismo". Antes disso, tinha na mente "os velhos estereótipos". Eu perguntei por que ela não me escuta quando a incentivo a fazer um doutorado. Ela respondeu: "Eu te escuto". Mas sente que precisa dar esse passo "quando for o momento certo para mim. Isso não significa quando as coisas estiverem perfeitas, pois as coisas não estarão perfeitas, mas há um momento certo". Quando esse momento chegar, estarei lá para apoiá-la e incentivar todos os seus esforços.

Quando Valeria decidiu deixar a carreira de psicóloga e o cargo administrativo no hospital para voltar à escola, ela realmente fez a conexão entre tudo o que tinha lido em meus escritos sobre educação e sua experiência de pós-graduação. Durante os anos de pós-graduação, conversávamos mais sobre a intersecção entre racismo e sexismo do que em qualquer outro momento da vida. Lésbica assumida, Valeria é comprometida com a luta pelo fim da homofobia e em tornar a liberdade sexual para todas e todos uma realidade cotidiana; isso é um trabalho que temos em comum.

Nosso irmão, Kenneth, é quem tem mais dificuldade com o que escrevi e escrevo sobre suas experiências. Kenneth se sente mais confortável quando falo de sua infância do que dos problemas que enfrentou na vida adulta. Ele quer superar o estigma de estar associado ao vício e aos problemas decorrentes do vício, e ser visto como vive agora. Kenneth sente que aprendeu muito com minhas ideias, sobretudo ao ler sobre a combinação entre razão e intuição que costumo pôr em prática. Todas as irmãs o ajudaram a aprender mais sobre a natureza do sexismo, mas ele afirma: "Eu ainda sou sexista". Ele relaciona seu apego ao patriarcado à dedicação de nosso pai ao patriarcado. Kenneth diz que sabe que as mulheres são suas semelhantes, mas com frequência sente que precisa dar a palavra final. Como todas nós, entende que "a educação é o ingresso; sem ela, você fica no mesmo lugar". Kenneth percebe que a educação é importante para o crescimento espiritual e emocional, mesmo que isso não nos conduza a maior mobilidade social.

Nossa irmã mais nova, Angela, é quem realmente se esforçou para alcançar seus objetivos, contra todas as probabilidades. Ela esteve num casamento muito difícil em que havia violência doméstica. Sair daquele relacionamento desafiou todos os seus valores. Consigo me lembrar de sua raiva quando comecei a enviar a ela livros feministas sobre violência doméstica. Agora ela diz: "Não vejo problema no fato de escreverem sobre mim; no entanto, há coisas pessoais que eu talvez não queira compartilhar com todo mundo". Angela sente que aprendeu comigo que "está tudo bem ser diferente — ir atrás de seus sonhos independentemente do que pensem sobre você". Quando questionada sobre o feminismo, ela afirma: "Sinto que sou feminista de diversas formas. Aprendi sobre feminismo em livros e com outras mulheres de pensamento crítico". Sempre digo a ela quão inteligente é e que deveria terminar a faculdade e fazer pós-graduação. Ela responde: "Fico relutante, porque não estou motivada a voltar para a escola. Isso envolve comprometimento". Como todos nós, está sempre lendo alguma coisa.

Muitas vezes, quando estou palestrando sobre meu passado, perguntam-me o que me permitiu ultrapassar as fronteiras impostas por raça, religião, gênero e classe. Sempre afirmo que o pensamento crítico me ajudou a direcionar a vida para onde eu gostaria que ela fosse. Apesar de a obediência ter sido primordial em nosso lar patriarcal, em nossas subculturas (o mundo que criávamos enquanto papai estava no trabalho ou não estava por perto) éramos incentivados a conhecer nossa mente e a nos expressar com a verdade de nossos sentimentos. Mamãe se recorda: "Você sempre se comprometeu a falar a verdade, mesmo quando era criança". De todos os membros da família, ela foi a que mais se magoou com minhas discussões sobre nossa vida familiar. Ela gosta de admitir: "Eu minto". Entendo sua dor, porque ela é a pessoa em nossa família que mais deu duro para nos manter juntos, para cuidar de nós, para nos apoiar em nossa busca pela educação. Quando perguntei à mamãe como ela lida com a dor que sente, com a sensação de que foi traída por mim, ela respondeu: "Eu rezo. E peço para que a dor passe". Obviamente, espero que haja oportunidades, na vida de mamãe, de desenvolver uma consciência maior, uma educação para a consciência crítica, e que isso não apenas ajude a diminuir sua dor, mas crie para ela um novo espaço de liberdade.

Sr. V (apelido que dei a meu pai) fica impressionado, segundo ele, "com o jeito como você usa a mente". Apesar de não concordar com muito do que escrevo sobre ele, defende meu direito de "escrever o que sinto". Ele se esforçou para mudar o pensamento da mamãe. Meu pai contou que disse a ela: "Você escrevia o que queria escrever. Ela está escrevendo do jeito que enxerga as coisas. Qualquer pessoa que escreve, escreve da maneira como vê a coisa, da maneira como se sente em relação à coisa. Você precisa respeitar isso, e não tentar mudar". Papai viajou para fora do país e teve acesso a muita literatura de não ficção. Ele lutou na infantaria negra durante a Segunda Guerra Mundial. Tudo isso o ajudou a ter uma perspectiva global. Como os homens de sua geração, é um "homem da raça". Mais do que nossa mãe, ele trouxe a crítica à branquitude e ao poder branco para dentro do nosso lar.

A prática de leitura do meu pai começou na infância. As pessoas brancas para quem sua mãe (que o criou sozinha) trabalhava deram-lhe livros usados. Quando perguntei como ele aprendeu sobre o trabalho de Paul Robeson, James Baldwin e muitos outros escritores negros, ele se lembrou de que aprendeu muito lendo a *Life*, que, segundo ele, "era uma revista branca, mas tinha muitos artigos sobre pessoas negras". Papai era o comprador de livros da família. Quando mamãe queria comprar livros para nós, a decisão final era dele. O último livro com que lhe presenteei era sobre moda para homens negros; mesmo que seu neto quisesse doá-lo, papai foi firme dizendo que desejava ler aquele.

Ao entrevistar minha família, eu esperava que falassem mais sobre as dificuldades. Sei que não tem sido fácil para eles. Estamos em lugares diferentes da vida: alguns de nós são pobres ou da classe trabalhadora, outros estão em boa situação financeira; alguns terminaram o ensino médio e/ou não fizeram faculdade, ou se formaram tardiamente; alguns de nós são cristãos fundamentalistas (como fomos ensinados a ser), e alguns de nós seguem o budismo. Somos diferentes. Lidar com tanta diferença em minha família me ajudou como intelectual e pensadora crítica. Daí minha imensa gratidão a todos eles por sempre se comunicarem e realizarem comigo o trabalho de criar comunidade.

ensinamento 11

um diálogo sincero: ensinar com amor

Falar sobre amor em relação ao ensino, por si só, significa se engajar em um diálogo que é tabu. Quando falamos sobre amor e ensino, as conexões que mais importam são as relações entre professores e as matérias que lecionam e a relação estudante-professor. Quando, como professores, damos profunda importância ao tema tratado, quando declaramos amor ao que ensinamos e ao processo de ensino, essa declaração de conexão emocional tende a ser vista com aprovação por coordenadores e colegas. Quando falamos sobre amar nossos estudantes, essas mesmas vozes tendem a falar sobre exercitar cautela. Elas nos advertem sobre os perigos de se aproximar "demais". Conexões emocionais tendem a ser suspeitas em um mundo no qual a mente é valorizada acima de tudo, no qual predomina a ideia de que as pessoas podem e devem ser objetivas. Tanto durante meus anos de estudante quanto no decorrer da minha carreira como professora, fui criticada por ter muita paixão, por ser "emotiva demais".

Disseram-me repetidas vezes que sentimentos de afeto impedem a capacidade de uma pessoa ser objetiva. Ao abordar objetividade em *To Know as We Are Known* [Conhecer como somos conhecidos], Parker Palmer afirma: "A raiz da palavra 'objetivo' significa 'posicionar-se contra, opor'. Este é o perigo do objetivismo: é um modo de saber que nos coloca como adversários em relação ao mundo. [...] De fato, o objetivismo nos colocou em uma relação de adversários uns com os outros". Nos meus anos de estudante, percebi que os professores e as professoras que valorizavam a objetividade geralmente careciam de habilidades básicas de comunicação. Não raro patologicamente narcisistas, essas pessoas não conseguiam se conectar. Às vezes, interpretavam como ameaça quaisquer esforços dos estudantes para criar uma conexão emocional com elas. Foi a inabilidade de professores e professoras de se conectar que me levou a questionar a supervalorização da objetividade. Embora eles se mantivessem a certa distância de nós (estudantes) e do mundo, não havia evidências de que essa distância os fazia enxergar tudo de forma mais cristalina ou os tornava mais justos, corretos. O argumento a favor da objetividade era o de que ela nos livrava do apego a perspectivas ou indivíduos específicos.

Objetividade tornou-se sinônimo de "ponto de vista imparcial". Os professores e as professoras que se orgulhavam da capacidade de serem objetivos ou objetivas eram, na maioria das vezes, aqueles que abertamente se afirmavam na casta, na classe ou no prestígio de sua posição social. Parker argumenta:

A opressão exercida sobre minorias culturais pela versão masculina, branca e de classe média da "verdade" vem, em parte, da mentalidade dominadora do objetivismo. Uma vez que uma pessoa objetivista apresenta "os fatos", nenhuma escuta é necessária, nenhum outro ponto de vista é necessário. Os fatos, afinal, são os fatos. Tudo que resta é fazer com que as demais pessoas entrem em conformidade com a "verdade" objetiva.

É esse desejo de fazer os outros entrarem em conformidade que se mescla com o desejo de dominar e controlar, o que Parker chama de "mentalidade dominante do objetivismo". Onde há dominação, não há espaço para o amor.

Imbuído na noção de objetividade está o pressuposto de que, quanto mais distância mantivermos de algo, mais olharemos para isso com neutralidade. Embora esse não seja sempre o caso, é um modo de pensar sobre conhecimento que continua a dominar a mente de professores e professoras que temem se aproximar demais de estudantes e de outros professores. Explicando a dialética do objetivismo, Parker Palmer escreveu:

> O ideal do objetivismo é o aprendiz como uma tábula rasa, recebendo impressões não adulteradas de quaisquer fatos ao redor. A meta do objetivismo é eliminar todos os elementos de subjetividade, todos os vieses e preconceitos para que nosso conhecimento possa se tornar puramente empírico.

Enquanto o objetivismo pode ser viável nas ciências empíricas e em matérias orientadas por fatos, ele não pode servir como base útil para o ensino e a aprendizagem nas aulas de humanidades. Nessas disciplinas, muito do que os estudantes buscam saber requer engajamento não apenas com o material, mas com os criadores cujas obras estudamos.

Por vezes, o objetivismo em espaços acadêmicos é uma cortina de fumaça que disfarça a dissociação. Em *Lost in the Mirror* [Perdido no espelho], o psicoterapeuta Richard Moskovitz descreve a dissociação como "um mecanismo de defesa no qual as experiências são divididas em compartimentos desconectados uns dos outros". Professores que temem se aproximar de estudantes talvez os objetifiquem como forma de sustentar a tão estimada objetividade. É possível que optem por pensar nos estudantes como recipientes vazios dentro dos quais derramam conhecimento, recipientes sem opinião, pensamentos, problemas pessoais etc. Negar a integridade e a presença emocional dos estudantes talvez ajude professores e professoras incapazes de se conectar a se concentrar na tarefa de compartilhar informações, fatos, dados e suas interpretações, sem qualquer interesse em escutar alunos e alunas ou prestar atenção neles. Isso faz da sala de aula um ambiente onde não é possível ocorrer o aprendizado de excelência.

Quando professores e estudantes avaliam as experiências de aprendizagem, identificando as aulas que realmente importam, ninguém dá testemunho sobre quanto aprendeu com professores e professoras dissociados, autocentrados e incapazes de se conectar. Muitos educadores e educadoras carismáticos são narcisistas; ainda assim, talvez eles se orgulhem de sua habilidade de passar por cima do narcisismo para criar empatia e cuidar do destino de estudantes, tanto na sala de aula quanto fora dela. Assim como todo professor e professora zeloso, eles percebem que, para ter sucesso na sala de aula (sucesso, aqui, encarado como o grau de abertura para que estudantes aprendam, retomando o significado da raiz da palavra "educar": conduzir para fora), precisam nutrir indiretamente, quiçá diretamente, o crescimento emocional dos estudantes. Esse zelo, tanto emocional quanto acadêmico, é o contexto no qual o amor desabrocha.

Em nossa nação, a maioria das faculdades e universidades está organizada em torno dos princípios da cultura dominante. Esse modelo organizacional reforça hierarquias de poder e controle e incentiva os estudantes a ser favoráveis ao medo — ou seja, a temer os professores e procurar agradá-los. Ao mesmo tempo, alunos e alunas são incentivados a duvidar de si, de sua capacidade de saber, de pensar e de agir. Essa incapacidade aprendida é necessária para a manutenção da cultura do dominador. Educadores e educadoras progressistas percebem essa incapacidade nos estudantes que ficam incomodados quando confrontados por modos alternativos de ensino que exigem deles uma postura ativa em vez de passiva. A resistência dos estudantes a formas de aprendizado não baseadas em memorização repetitiva ou atividades previsíveis praticamente se tornou norma, devido à obsessão por diplomas em detrimento da educação. Esses estudantes querem saber exatamente o que devem fazer para conseguir a melhor nota, não estão interessados em aprender. Mas o aluno ou a aluna que deseja saber, que despertou sua paixão pelo conhecimento, anseia vivenciar a comunhão mútua com professor e conteúdo que resulta em engajamento profundo.

A competição em sala de aula quebra a conexão, inviabilizando a proximidade entre professor e estudante. Assim como a insistência no objetivismo recusa a comunidade, a ênfase na competição aprofunda a ideia de que os estudantes são adversários uns dos outros e dos professores. A predação que está no cerne da cultura do dominador emerge quando estudantes sentem que devem simbolicamente destruir uns aos outros para provar que são mais inteligentes. Mesmo que entrem na universidade em níveis semelhantes de capacidade e habilidade, não se espera que a sala de aula seja um lugar comunitário onde essas habilidades naturalmente conduzam os estudantes à excelência total. A competição arraigada nas práticas desumanizantes de humilhação, de rituais sadomasoquistas de poder, impossibilita o comunalismo e impede a formação de comunidade. Se alunos e alunas entram em uma turma compartilhando habilidades e capacidades semelhantes — e, portanto, laços comuns —, devem ser empregadas estratégias de distanciamento e de separação para romper efetivamente esses laços orgânicos. Em vez de serem ensinados a se ver como camaradas, são educados para ver uns aos outros como adversários competindo pelo prêmio de pessoa inteligente o suficiente para dominar os demais.

A cultura do dominador promove um objetivismo calculado que é desumanizante. Por outro lado, um modelo de parceria mútua promove um engajamento do Eu que humaniza, que torna o amor possível. Comecei a pensar sobre a relação entre o amor e a luta pelo fim da dominação, no esforço de entender os elementos que resultaram em movimentos bem-sucedidos por justiça social em nossa nação. Olhando para a luta antirracista pelos direitos civis, um dos mais revolucionários movimentos por justiça social no mundo, ficou evidente que o foco em uma ética do amor foi fator central para o sucesso do movimento. Em *Tudo sobre o amor: novas perspectivas,* defini amor como uma combinação de carinho, comprometimento, conhecimento, responsabilidade, respeito e confiança. Todos esses fatores operam de forma independente. Eles formam uma estrutura central do amor, independentemente do contexto da relação. Mesmo que haja uma diferença entre o amor romântico e o amor entre professor/professora e estudante, esses aspectos centrais precisam estar presentes para que o amor seja amor.

Quando esses princípios básicos do amor constituem a base da interação entre docentes e estudantes, a busca mútua por conhecimento cria condições para um ótimo aprendizado.

Então, professores aprendem enquanto ensinam, e estudantes aprendem e compartilham conhecimento. Em *To Know as We Are Known*, Parker Palmer argumenta que "a origem do conhecimento é o amor", afirmando:

> O objetivo de um conhecimento que surge a partir da vida é a reunificação e a reconstrução de indivíduos e mundos cindidos. Um conhecimento compassivo tem por objetivo não explorar e manipular a criação, mas reconciliar o mundo consigo mesmo. A mente motivada por compaixão se esforça para saber; o coração, para amar. Aqui, o ato de saber é um ato de amor, o ato de penetrar na realidade do outro e acolhê-la, de permitir ao outro entrar na nossa realidade e acolhê-la. Nesse tipo de saber, nos conhecemos e somos conhecidos como membros de uma só comunidade [...].

Esse é o espírito de comunalismo que a competição trabalha para perturbar e destruir.

A cultura do medo, que cresce desenfreada na maioria dos campi universitários, tanto dentro quanto fora da sala de aula, enfraquece a capacidade dos estudantes de aprender. Alunos e alunas que se relacionam com base no medo duvidam de sua capacidade de cumprir tarefas. Com muita frequência, são dominados pelo medo do fracasso. Quando são incentivados a confiar em sua capacidade de aprender, estudantes podem encarar desafios difíceis com espírito de resiliência e competência. Quando eu lecionava em uma faculdade metodista de artes onde professores e a equipe administrativa afirmavam, em variados graus, a necessidade de ter diversidade e de valorizar a diferença no campus, fiquei impressionada com o fato de que ninguém queria lidar com a realidade de que a maioria dos estudantes vinha de lares onde a educação religiosa incentivara a temer a diferença, a excluir em vez de incluir vozes e perspectivas diferentes da sua própria, a evitar a diversidade. Frequentar a faculdade e ser subitamente apresentada ou apresentado a outras visões de mundo colocava-os em posição de adversários em relação aos valores de família e às crenças espirituais que haviam aprendido. Quando seus pequenos conflitos internos não são reconhecidos nem acolhidos, estudantes nessas circunstâncias podem ou aderir implacavelmente ao *status quo* (isto é, apegar-se ao modo como as coisas sempre foram, repudiando qualquer forma de engajamento com a diversidade), ou cair em estados debilitantes de apatia e depressão. Para evitar estresse e conflito, eles acabam por se fechar. Professores e professoras que oferecem cuidado e respeito, dois componentes do amor, possibilitam a estudantes lidar abertamente com o medo e receber afirmação e apoio.

Ao contrário da noção de que o amor na sala de aula torna professores e professoras menos objetivos, quando ensinamos com amor somos mais capacitados para atender às preocupações específicas de cada estudante e, ao mesmo tempo, integrar aquelas que são de toda a comunidade da sala de aula. Quando professores e professoras se dedicam a afirmar o bem-estar emocional de alunos e alunas, fazemos o trabalho do amor. Colegas compartilharam comigo que não querem ser colocados na função de "terapeuta"; não querem ter de atender aos sentimentos que possam surgir na sala de aula. Recusar-se a criar espaço para a emoção não muda a realidade de que sua presença influencia de várias formas as condições nas quais o aprendizado pode ocorrer. Professores não são terapeutas. No entanto, há momentos em que o ensino consciente — o ensino com amor — traz a percepção de que não seremos capazes de ter uma experiência significativa em sala de aula sem sentir o clima emocional de nossos estudantes e corresponder a ele. Em alguns casos, isso pode exigir estar mais emocionalmente atento aos conflitos psicológicos de um estudante que bloqueiam sua capacidade de aprender. Então, talvez seja apropriado direcioná-lo a buscar tratamento terapêutico.

Às vezes, professores e professoras universitários têm medo de tratar estudantes com amor porque temem ser engolidos. Eles receiam ficar enredados demais nos dilemas de um aluno. Esse medo é intenso em qualquer pessoa que seja incapaz de estabelecer limites apropriados. A maioria de nós foi criada com um entendimento distorcido do amor. Ensinaram-nos que o amor enlouquece, nos desnorteia e nos torna bobos, incapazes de estabelecer limites saudáveis. Em meu ensino com amor, ao fim do semestre havia estudantes na minha sala reclamando que não receberam a nota que esperavam. Afinal, eu me importava com eles. Para esses estudantes, meu amor e meu cuidado me levariam a atribuir-lhes notas maiores do que mereciam. Vivi essa experiência muitas vezes. Por fim, passei a debater abertamente no início de cada curso que não haveria correlação entre meu amor pelo aluno e sua nota, a qual seria unicamente determinada pela qualidade do trabalho. Eu explicava aos estudantes que, em vez de deixar de perceber a verdadeira natureza de suas habilidades, era muito mais provável que meu amor por eles aumentasse minha compreensão de suas habilidades, assim como de suas limitações, ajudando-os a acolher um novo entendimento sobre o real significado e o valor do amor.

Quando somos professores e professoras e ensinamos com amor, combinando cuidado, comprometimento, conhecimento, responsabilidade, respeito e confiança, frequentemente somos capazes de entrar na sala de aula e ir direto ao cerne da questão. Isso significa ter clareza para saber o que fazer, em qualquer dia, a fim de criar o melhor clima para o aprendizado. Professores e professoras comprometidos, todos os dias, com o mesmo estilo de aula, que temem qualquer digressão do planejamento concreto, perdem a oportunidade de se engajar por inteiro no processo de aprendizagem. A probabilidade de terem uma sala de aula organizada, onde os estudantes obedecem a autoridade, é muito maior. A probabilidade de se sentirem satisfeitos porque apresentaram todo o conteúdo que queriam cobrir é muito maior. Ainda assim, estão perdendo a experiência mais potente que podemos oferecer a nossos estudantes: a oportunidade de se engajarem com totalidade e compaixão no aprendizado.

Em geral, professores preferem ignorar sentimentos emotivos na sala de aula porque temem o conflito que pode surgir. Por mais que todo mundo goste de imaginar que o campus universitário é um lugar sem censura, onde a liberdade de expressão prevalece e os estudantes são incentivados a se engajar em debates e trocas dialéticas, a realidade oposta é um retrato mais fiel do que acontece nas salas de aula do ensino superior. Com bastante frequência, os estudantes sentem medo de falar por receio de afastar professores, professoras e colegas. Ficam aterrorizados com a ideia de discordar, se pensam que isso pode resultar em conflito. Mesmo que nenhum de nós imagine ser possível ter um relacionamento romântico em que não haja o mínimo conflito, estudantes — e, às vezes, professores e professoras —, sobretudo em salas de aula onde há diversidade, tendem a ver a presença de conflito como ameaça à continuidade da troca crítica e como um indício de que a comunidade não é possível quando há diferença.

Muitos de nós não testemunhamos trocas críticas na família de origem, quando diferentes pontos de vista são expressos e os conflitos são resolvidos de modo construtivo. Em vez disso, levamos ao ambiente da sala de aula medos e ansiedades mal resolvidos. A sala de aula amorosa é um lugar onde estudantes aprendem, tanto pela presença quanto pela prática do professor, que a troca crítica pode acontecer sem diminuir o espírito de ninguém, que as tensões podem ser resolvidas de forma construtiva. Esse não será necessariamente um processo simples.

Quando ministrei um seminário sobre a obra do romancista e ensaísta afro-estadunidense James Baldwin, parti do pressuposto de que os estudantes inscritos para o curso estavam cientes de que ele era homossexual e queriam saber mais sobre como essa vivência havia influenciado sua obra. Eu lecionava em uma instituição pública, em uma sala de aula predominantemente não branca; a princípio, não estava preparada para lidar com uma turma em que alguns dos alunos ficaram chocados ao saber que Baldwin era gay e fizeram comentários abertamente homofóbicos. Esses estudantes também partiram do pressuposto de que poderiam dizer qualquer coisa, uma vez que a questão gay estava "lá fora" e não "aqui dentro", conosco. O pensamento heterossexista deles os impediu até mesmo de levar em consideração que poderia haver estudantes gays presentes naquele curso. Desde o momento em que a aula começou, precisei trabalhar com gentileza para estabelecer uma comunidade de aprendizagem em um contexto no qual a expressão de pontos de vista diferentes era uma ameaça em potencial ao bem-estar de estudantes gays e héteros não homofóbicos. Ao falarmos abertamente sobre o contexto do amor em comunidade, precisamos discutir a atitude de não expressar um ponto de vista se ele for ofensivo a outras pessoas nesse ambiente. Precisamos confrontar a diferença entre discurso de ódio e opinião. Estudantes que reagiram de forma irracional ao saberem da homossexualidade de James Baldwin precisaram aprender também que não somos plateia para seus surtos.

Nosso grupo se tornou uma comunidade de ensino porque privilegiamos respeito e responsabilidade como valores necessários em um contexto em que o ponto de vista de uma pessoa poderia ofender a autoestima e o bem-estar de outra. Alunos e alunas precisaram aprender a diferença entre destruir alguém ou um assunto e oferecer uma crítica cuidadosa. Aquela sala de aula estava carregada de sentimentos emotivos, dolorosos. Se eu tivesse ignorado a presença desses sentimentos e agido como se um ponto de vista objetivista pudesse estabelecer ordem, o curso teria sido uma experiência tediosa; os estudantes *teriam lido* Baldwin, mas não teriam entendido o sentido e a relevância de sua obra. Por meio do esforço para construir comunidade, para construir amor na sala de aula, eles puderam ouvir mais intimamente a declaração de Baldwin sobre o poder do amor:

> O amor tira as máscaras sem as quais tememos não conseguir viver e dentro das quais sabemos não conseguir viver. Aqui eu uso a palavra "amor" não meramente no aspecto pessoal, mas como um estado de ser, ou um estado de graça — não no sentido estadunidense infantilizado do ser que é feito feliz, mas na perspectiva árdua e universal de busca, desafio e crescimento.

Eu gostaria de poder declarar que todas as pessoas homofóbicas que participaram desse curso passaram por uma experiência de conversão e abandonaram seu ódio. Não posso. Mas posso declarar que aprenderam a pensar além das fronteiras mesquinhas daquele ódio. E aí reside a promessa de mudança.

Todas as relações de amor significativas empoderam cada pessoa envolvida na prática mútua de parceria. Entre professor e estudante, o amor torna o reconhecimento possível; ele oferece um espaço onde há intersecção entre o esforço acadêmico e os esforços gerais para ser psicologicamente inteiro. Quando abordo cada experiência de ensino com um espírito geral de amor, uma relação de amor costuma desabrochar entre mim e um estudante específico e se mantém ao longo do tempo. Os alunos e alunas que amo mais intimamente parecem nunca sair da minha vida. Conforme crescem e se tornam professores ou começam a atuar em alguma profissão, eles ainda me procuram para ensiná-los, guiá-los, direcioná-los. O fato de nossa relação de ensino, formada e moldada pelo amor, ir além do nosso tempo em sala de aula é uma afirmação do poder do amor. Quando perguntei a uma de minhas alunas, hoje professora de direito, se meu amor por ela havia criado um clima de favoritismo na classe, ela riu e afirmou: "Você está brincando? Quanto mais você nos amava, mais tínhamos de batalhar". Não é possível haver amor sem justiça.

O amor na sala de aula prepara docentes e estudantes para abrir a mente e o coração. É a fundação sobre a qual toda comunidade de ensino pode ser criada. Professores e professoras não precisam temer que a prática do amor na sala de aula os leve ao favoritismo. O amor sempre nos moverá para longe da dominação em todas as suas formas. O amor sempre nos desafiará e nos transformará. É esse o cerne da questão.

ensinamento 12

o sexo bom: pedagogia apaixonada

Quando comecei a lecionar no Oberlin College, um grande debate sobre minha orientação sexual tomou as paredes de um banheiro feminino. Em uma iniciativa construtiva, politicamente correta, essas paredes eram cobertas de papel. Assim, foi possível que eu levasse esses registros para casa e os colocasse junto com os meus materiais. Tomei conhecimento dessa discussão pública, que realmente ficou concentrada na questão de eu ser ou não lésbica, apenas quando gerou conflitos, cara a cara, entre estudantes brancas e negras no campus. Uma estudante negra sentiu que aquilo era invasivo. Irritada porque as colegas brancas estavam se atrevendo a levantar aquela discussão sobre uma professora negra, ela escreveu: "E daí, vadia, o que isso tem a ver com você? Ela não te quer". O comentário levou as estudantes brancas a confrontar aquela aluna em relação a seu sexismo; ela, então, questionou o racismo das colegas. A estudante negra sentiu que, se eu fosse uma professora branca, aquele nível de desrespeito não teria sido direcionado a mim. Nas muitas discussões que se sucederam, tanto de forma organizada quanto por boatos, conversamos sobre por que era tão importante para alunos e alunas saber minha orientação sexual, ou a de qualquer outro professor; sobre o perigo de tentar "tirar do armário" qualquer professor ou professora não efetivo em uma instituição homofóbica; sobre a possibilidade de as estudantes feministas pensarem que não estão sujeitas a errar; e, mais importante, conversamos sobre como mulheres negras e mulheres brancas em geral divergem acerca de questões que envolvem sexualidade.

Nesta sociedade, as meninas negras chegamos à vida adulta numa cultura que nunca se importou com nosso bem-estar sexual. Retratadas numa iconografia racista e sexista como pessoas sempre sexualmente licenciosas, a maioria das mulheres negras corre o risco de sofrer algum grau de assédio sexual e coerção em tenra idade. De muitas formas, mulheres negras são desconfiadas. Não importa quão jovens ou velhas, a maioria de nós sabe, ou aprende da maneira mais difícil, que nossas histórias reais de estupro e assédio sexual tendem a ser desacreditadas ou consideradas indignas de serem levadas a sério, sobretudo se o culpado for alguém próximo, um membro da família, um namorado ou um vizinho.

Dada a falta de interesse por nosso bem-estar sexual, muitas mulheres negras aprendemos que podemos ficar mais seguras agindo com cautela, ou que podemos sobreviver melhor à vitimização admitindo que, de alguma forma, contribuímos para criar o contexto no qual somos assediadas. A atitude da vasta maioria das mulheres negras para se proteger, proteger o próprio corpo, de episódios de assédio é se fechar sexualmente, expressando uma firme postura antissexo, puritana, que parece dizer: "Não chegue perto de mim, senão eu te mato". Essas mulheres negras estão naquele grupo mais suscetível a tomar partido do homem em qualquer situação de violência sexual contra outra mulher que elas consideram não ter se protegido.

Daí a falta de respeito pelo que interpretaram ser uma chora-mingação de Anita Hill[15] ou pela queixa de Desiree Washington contra Mike Tyson por estupro. A voz delas estava entre as que diziam: "Mas o que ela queria, indo ao quarto dele de madru-gada? Estava procurando confusão". Aos olhos das mulheres negras que esperam autocontrole e consciência das consequên-cias por parte de outras mulheres negras, procurar problema e depois não saber lidar com ele é ser cúmplice. A consequência é que ninguém se importa com o corpo da mulher negra; ela deve se cuidar se quiser estar segura. Portanto, na vida das mulheres negras, a ênfase é na "prevenção", e não em como lidar com a crise depois de se tornar vítima. No mundo cão da sobrevivência, as vítimas que se colocam em risco fazen-do algo considerado estúpido não recebem muita compaixão. As pessoas podem se importar com sua dor e ao mesmo tempo interpretar sua situação de forma dura por você não ter feito sua parte, o que significa dizer que você não teve consciência crítica sobre a natureza predatória das relações entre homens e mulheres no contexto do patriarcado capitalista suprema-cista branco. Esse pensamento de várias mulheres negras em geral significa que, em comunidades negras diversas, o assédio

15. Em 1991, Anita Hill, advogada, ativista e professora de direito na Universidade de Oklahoma, acusou o juiz Clarence Thomas de assédio sexual, na mesma época em que ele foi nomeado para a Suprema Corte dos Estados Unidos. A forte pressão que Hill sofreu durante seu depoimento, com perguntas que buscavam culpabilizá-la, ainda é alvo de muitas críticas. Thomas foi absolvido, e a acusação não atrapalhou sua entrada na Suprema Corte, da qual ainda faz parte. bell hooks analisa aspectos do caso envol-vendo Anita Hill e Clarence Thomas no ensaio "Um desafio feminista: devemos chamar todas as mulheres de irmã?", em *Olhares negros: raça e representação* (Elefante, 2019, p. 156-68). [N.E.]

sexual não é tratado com seriedade suficiente, enquanto, por outro lado, muitas mulheres brancas tendem a ficar obcecadas por questões relacionadas à vitimização sexual.

Em meu trabalho, tenho tentado mostrar (de um jeito básico, quase de senso comum) a infinidade de maneiras como as mulheres negras — e todas as mulheres — precisam se proteger e assumir mais responsabilidades do que deveríamos neste mundo sexista e racista. Invariavelmente, clamo às mulheres que resistam à identificação com o vitimismo como único lugar possível de luta por mudança social. Na posição de defensora de políticas feministas revolucionárias, eu me oponho a todas as formas de violência sexual contra as mulheres. Ao mesmo tempo, vejo a necessidade de um contexto libertador para afirmar a autonomia sexual das mulheres dentro da cultura patriarcal como um dos interesses igualmente importantes do movimento feminista. A fim de reivindicar autonomia sexual, qualquer mulher precisa acreditar que pode ser responsável pelo seu Eu e pelo seu corpo de forma que ambos realcem sua capacidade de vivenciar satisfação sexual e de se proteger para reduzir a probabilidade de um dia ser sexualmente violentada. Aquelas feministas *mainstream* que tanto desejam representar as mulheres sempre e somente como vítimas têm sido massacradas por um público cansado de lamentação, que está entediado com o narcisismo patológico e com a total recusa em reconhecer que somos cúmplices em nossa vitimização. Autodenominadas "divas dominadoras", como Camille Paglia e sua versão mais jovem, Katie Roiphe, unem-se à multidão da reação antifeminista para denunciar todas as declarações de mulheres em situação de vítima, sejam elas reais ou imaginárias. A saga continua. A crítica severa da mídia às feministas neovitorianas *mainstream*, que enxergam tudo, até mesmo palavras mais duras, como assédio e estupro, contribuiu pouco para intervir no crescente vínculo entre esse grupo e suas irmãs e irmãos da direita que estão igualmente ansiosos para fazer a luta por autonomia sexual e libertação das mulheres retroceder algumas centenas de anos.

Uma das mais recentes arenas em que a afirmação da autonomia sexual das mulheres tem sofrido ataques é o debate sobre a completa inaceitabilidade de relações eróticas entre estudantes e professores. Essa discussão emergiu como uma questão significativa na cultura dominante apenas agora, com alunas processando legalmente tanto professores acusados de violência sexual quanto a instituição para a qual eles trabalham. A ameaça de perder esses casos e ter de pagar enormes quantias está levando instituições como Harvard, Tufts, Universidade da Pensilvânia e muitas outras a desenvolver políticas direcionadas à regulamentação e/ou proibição de relações românticas entre estudantes e docentes. No entanto, essa tentativa de regulamentar não emerge de uma preocupação por parte das universidades em "proteger" as estudantes de professores sexualmente licenciosos que desejem assediá-las. Dentro de todas essas instituições, mulheres que se identificam como feministas trabalham há anos para institucionalizar uma política que desafie mais incisivamente e puna aqueles professores (em sua maioria homens) que usam a sexualidade para coagir e dominar estudantes (em geral, mas nem sempre, mulheres). Essas feministas são totalmente comprometidas com esforços institucionais conservadores para banir relacionamentos entre docentes e discentes.

Há anos, na Universidade da Califórnia em Santa Cruz, onde eu era estudante de pós-graduação e lecionava no programa de estudos de mulheres, fiz parte de um comitê para políticas contra assédio sexual. Eu me lembro de fazer um pequeno discurso sobre por que prevenção, e não punição, deveria ser nosso principal interesse, mas ninguém queria ouvir. A parte do discurso que mais desanimou a todos foi a sugestão de que durante a orientação para estudantes do primeiro ano houvesse um espaço para esquetes cômicos que dramatizassem situações de investidas inapropriadas de professores a estudantes. A ideia era que os atores nas performances, fingindo ser estudantes, mostrassem o melhor jeito de lidar com a situação. Propus um roteiro que mostraria um professor galanteador convidando uma aluna a entregar seus trabalhos na casa dele, no fim da tarde, para que pudessem ler juntos, e ela responde que seria melhor se a reunião fosse durante o horário dele de atendimento no gabinete. Quando apresentei minha ideia, encontrei uma completa falta de interesse em debater caminhos que empoderassem as estudantes para se proteger de investidas inconvenientes. Isso me tornou consciente do fato de que muitas daquelas mulheres estavam mais interessadas em reforçar a ideia de que homens são sempre e somente opressores sexuais e que mulheres, em especial as jovens adultas, são sempre e somente vítimas da sexualidade. Elas não estavam interessadas em empoderar as alunas, em evitar que elas se "machucassem"; queriam apenas identificar e punir os criminosos. Subjacente a esse zelo em punir os "culpados", havia um verdadeiro desconforto com a sexualidade ativa, uma recusa em reconhecer as estudantes como jovens adultas capazes de afirmar sua autonomia sexual. A necessidade de negar que as estudantes seriam capazes de tentar provocar e seduzir os professores, o que levaria a questão para além do desejo exclusivamente por parte do docente, chegava a ser inextricável de tão intensa. Conforme a reunião avançava, ficou evidente que o caso não era evitar que professores usassem a sexualidade para coagir ou dominar; em vez disso, tratava-se de desaprovar todas as relações eróticas entre professores e estudantes. Se aquelas mulheres tivessem tido a possibilidade de institucionalizar políticas que condenassem todos esses tipos de relacionamento, elas o teriam feito. Atualmente, acadêmicas feministas mais conservadoras que pensam dessa maneira estão dispostas a unir forças com apoiadores do patriarcado antifeministas, em um esforço de policiar o desejo nos campi universitários para que toda relação romântica entre professores e estudantes seja ilegal, para que seja vista como semelhante às relações em que os professores usam a sexualidade para coagir e dominar alunas e alunos, sobretudo pessoas sobre as quais eles exercem poder. Isso inclui estudantes que assistem a suas aulas, que precisam de recomendação, estudantes de cujos comitês eles participam etc. Esse conservadorismo pode ser percebido na insistência de uma professora na Universidade da Virgínia que apoia expulsões, ao afirmar: "Trata-se de abuso de poder, não de romance". Na verdade, em alguns casos, trata-se, *sim*, de romance; em outros, a questão é, *sim*, abuso de poder.

Muitos professores homens que publicamente se opõem à tentativa de banir todas as relações eróticas entre professores e estudantes são indivíduos que foram, formal ou informalmente, acusados de abuso de poder. Eles podem ser tão radicais quanto seus oponentes ao insistirem que o abuso não é um problema. A verdade é mais complexa. Sempre houve laços eróticos positivos entre professores e estudantes, até mesmo antigamente, quando existiam políticas institucionais que proibiam esse tipo de relação. E sempre houve professores, sobretudo homens, que usaram a sexualidade para coagir e dominar estudantes específicos, sobre os quais exerciam poder. Da mesma forma que é importante nomear e questionar atentamente abusos de poder em que o erótico se torna terreno de exploração e/ou opressão, é também importante reconhecermos o erótico como lugar de empoderamento e de transformação positiva. O erotismo, mesmo quando leva ao envolvimento romântico entre professores e estudantes, não é inerentemente destrutivo. Mesmo assim, a maioria das pessoas que se opõem às conexões românticas consensuais entre professores e estudantes age como se qualquer desejo sexual expresso no âmbito de uma hierarquia institucional fosse necessariamente vitimização. Esse pensamento está arraigado no pressuposto de que o "desejo" é problemático, e não a maneira como os sentimentos eróticos são expressos. Apoiadores radicais desse tipo de proibição retratam estudantes como crianças, e professores como pais e mães. Eles enxergam qualquer ligação erótica entre os dois como incesto simbólico e, portanto, necessariamente uma violação do/da estudante/criança. Não surpreende que os estudantes estejam entre as pessoas que mais se opõem a esse pensamento. Eles entendem muito bem quais são os interesses atendidos quando são infantilizados. Os professores mais comprometidos com a hierarquia convencional são os mais interessados em aplicar um paradigma parental à relação docente/discente. Ironicamente, em geral são esses professores homens que agem simbolicamente como "pais" que podem explorar a confiança entre eles e os estudantes.

O debate público sobre relacionamentos entre docentes e estudantes foi falsamente construído como se fosse neutro em relação a gênero. Na verdade, indivíduos que têm comportamento predatório em relação a estudantes, os frequentes abusadores que usam sua sexualidade para coagir e dominar, são quase todos homens. Termos neutros como "relação docente/estudante" mascaram a realidade de que se trata de uma dinâmica na qual professores poderosos abusam de alunas e alunos menos poderosos. Quantas professoras foram acusadas de estuprar, coagir sexualmente, perseguir obsessivamente e assediar estudantes? Ou de punir estudantes, arruinando a carreira deles por não lhe terem prestado favores sexuais? As verdadeiras questões políticas camufladas nesse debate têm mais relação com a construção da masculinidade dentro do patriarcado e com a erotização da dominação.

No entanto, para efetivamente confrontar essa questão do abuso de alunas e alunos por professores, precisaríamos falar sobre maneiras de erradicar o patriarcado. É interesse do patriarcado fazer parecer que existe uma categoria "docente", detentora do poder e neutra em relação a gênero, e uma categoria "estudante", desprovida de poder; de acordo com esse interesse, no momento em que uma relação entre dois indivíduos dessas duas categorias é erotizada, é certo que haverá exploração e dominação. Esse é um paradigma que dá a impressão de que nenhum dos indivíduos faz escolhas ou tem controle sobre seu comportamento. Em um artigo da revista *Time*, "Romancing the Student" [Romantizando o estudante], todas as vítimas identificadas são mulheres, e todos os professores, homens. Em relatório sobre uma pesquisa conduzida por um assistente social na Universidade de Connecticut, Nancy Gibbs afirma: "Mais da metade dos homens do corpo docente concordou que um professor que vai para a cama com uma de suas orientandas está se aproveitando dela". Eles concordaram que "uma aluna que rompe com um professor corre o risco de sofrer represália injusta". Obviamente, muitos dos dados dessa pesquisa e de estudos similares apenas documentam que o que é verdade sobre o patriarcado fora da academia é igualmente verdade dentro dela.

Se os problemas de abuso nas relações docente/estudante mostrassem apenas o funcionamento dos diferentes níveis de poder, em tese, com o aumento da presença e do poder de mulheres na academia, deveria haver um grande aumento na quantidade de professoras que usam seu poder para coagir e dominar estudantes, ou que se envolvem em atos de violência sexual e abuso. Mas casos envolvendo professoras são raros. Por que é mais fácil para todo mundo, incluindo feministas, falar sobre os perigos da exploração e do abuso em relações eróticas entre docentes e estudantes do que teorizar e falar sobre por que alguns — não todos — acadêmicos do sexo masculino são os que realmente abusam do poder, não raro colocando em risco a própria carreira? O que acontece com a construção da sexualidade masculina no patriarcado que leva tantos professores a erotizar a dominação, a se tornar sexualmente obcecados por estudantes, a ser incapazes de lidar com a rejeição sexual? O que os leva ao vício de pressionar estudantes a ter casos afetivos, ou ainda, em situações mais extremas, a cometer estupro? Esses problemas não serão devidamente solucionados com mais regras e regulamentações rigorosas.

Há alguns anos, vivi com um professor universitário de quem várias alunas se aproximavam a fim de romance. Em geral, nossa reação era conversar sobre a dificuldade de saber qual atitude tomar nesse tipo de situação. Nós acreditávamos — e eu ainda acredito — que era inapropriado professores se envolverem com estudantes com quem estão trabalhando. Semanas antes de sua avaliação para obter estabilidade, ele confessou ter tido um encontro sexual com uma aluna que o abordara. Fiquei realmente chocada com o fato de ele ter colocado sua carreira em risco por um tipo de encontro que poderia ter tido em qualquer outro momento e nunca escolheu ter. Essa estudante poderia muito bem tê-lo acusado de assédio sexual — mesmo que tenha sido ela a pessoa que bateu em nossa porta com um bolo e um cartão de aniversário sugestivo. Quando ele disse que não queria continuar com os encontros, ela passou a segui-lo, aparecendo em eventos públicos, tentando atrair a atenção dele. Ele a evitava não porque não se sentisse mais atraído, mas porque se deu conta de que havia ultrapassado um limite, em parte, por consequência de seus próprios medos e da ansiedade de fracassar, de não conseguir. A questão, para ele, estava relacionada a masculinidade e trabalho. Sem dúvida, a aluna ficou magoada com a rejeição dele. É possível até ter pensado que ele tirou vantagem da veneração dela. Esse não foi um caso de abuso, de um professor lascivo erotizando a dominação. Os dois estavam vulneráveis por diferentes razões. Ainda que tenha sido um relacionamento inadequado, ele foi obviamente gerado por uma série de circunstâncias específicas que são comuns em campi universitários.

Por que há tão poucos trabalhos sobre homens que estão envelhecendo na academia, que ficam perturbados com a possível perda de *sex appeal* e potência sexual, encarando todos os anos um novo grupo de estudantes que permanecerão jovens enquanto estiverem em nossas salas de aula, muitos dos quais buscarão afirmar que são sexualmente atraentes? Apenas no contexto de uma cultura antissexo a resposta para a questão do desejo entre docentes e estudantes se reduz a um simples policiamento do desejo, em vez de buscar entendê-lo, capacitando-nos para questioná-lo de forma mais construtiva. Obviamente, isso significaria entender a diferença entre relações consensuais entre professores e estudantes — que podem ou não ser problemáticas — e situações de assédio sexual e coerção.

Durante meus mais de vinte anos como membro do corpo docente, conheci muitos professores que se comportavam como predadores em relação às estudantes. Eles pareciam ser o tipo de nerd inteligente que não tinha conseguido transar no ensino médio e estava em busca de vingança. Agora eles perseguiam todas as rainhas do baile ou líderes de torcida que lhes despertassem uma memória adolescente de rejeição. Quando eu era graduanda na Universidade Stanford, no auge de um movimento feminista contemporâneo que estava bastante empolgado em libertar as mulheres para afirmar nossa autonomia sexual, esse tipo de professor, em geral, era logo identificado — e aprendemos a manter distância deles. Daí a necessidade de "caçar" as estudantes recém-chegadas, que em geral são as menos informadas. Como muitos professores homens, a maioria dos quais não é um assediador reincidente (refiro-me aqui aos docentes que em todos os semestres agem como predadores de estudantes, tirando vantagem ou as explorando sexualmente), alguns desses caras eram atraentes e muito capazes de seduzir as mulheres sem coagi-las. Eles pareciam precisar dessa desigualdade de poder para conseguir ter uma ereção e mantê-la. Esse tipo de desejo sexual dos homens é intensificado por situações em que eles exercem poder sobre alguém que não o tem. Eles definitivamente "curtem" a erotização da dominação.

Como graduandas, nós falávamos sobre professores não atraentes, nerds que provavelmente nunca na vida tiveram *sex appeal* até se tornarem professores, e de repente passaram a ser considerados sexy por estudantes devotadas. As alunas no nosso dormitório adoravam brincar sobre a queda que tínhamos por esses caras e o esforço que fazíamos para seduzi-los. Não estávamos erotizando a dominação, estávamos erotizando o poder. Fantasiávamos sobre o prazer e o perigo de fazer sexo com um homem poderoso. Esse era o conteúdo de todos os romances eróticos que já havíamos lido, e estávamos excitadas para experimentar a realidade.

Bem, estou aqui como testemunha: era quase sempre profundamente frustrante. Como jovens alunas que transavam com professores, não buscávamos um relacionamento. Estávamos, porém, convencidas de que o erótico era um espaço de crescimento e acreditávamos que algo em nós seria magicamente transformado pelo envolvimento com homens poderosos "brilhantes". A maioria de nós ficou terrivelmente frustrada ao descobrir que o professor-padrão não compartilhava desse interesse, que não se importava com nossa autorrealização; eles estavam naquela pela boceta, por serem venerados. E, mesmo que tenham surgido relações românticas e amorosas significativas entre alguns professores e algumas estudantes, a vasta maioria daqueles homens estava, de fato, só tirando vantagem.

A maioria de nós não foi lesada por essas relações. A maioria de nós não sofreu abuso. Mas fomos magoadas. E aprendemos com essas experiências. Uma lição maravilhosa foi sobre a diferença entre a erotização do poder e a erotização da dominação. Éramos fascinadas pelo poder. Quase sempre os professores homens estavam apenas interessados na dominação.

Tentávamos entender o sentido da autonomia sexual da mulher. Estávamos curtindo a liberdade e o prazer. Adorávamos bradar slogans de romances feministas que incentivavam: "Acima de tudo, recuse-se a ser uma vítima".

Quando me tornei professora, ficava impressionada com a intensidade com que alunos e alunas me abordavam, interessados em relações românticas e sexuais. Meus estudantes parecem me desejar com muito mais frequência do que eu os desejo. Assim como muitas professoras universitárias que não estão em um relacionamento, sou alvo constante de fofocas dos estudantes. Acontece muito de os estudantes que mais amo serem os que mais falam. Quando reclamei sobre a obsessão deles por minha vida sexual, simplesmente responderam dizendo que são ossos do ofício. Eles querem entender a autonomia sexual da mulher. Querem saber como professoras que são seres sensuais e sexuais lidam com instituições patriarcais e trabalham inseridas nelas, e como conciliam questões como o fato de serem sexualmente atraentes, a autonomia e o desenvolvimento da carreira. Eles nos enxergam como as pessoas que traçam o caminho que vão seguir. Eles querem diretivas baseadas em experiências de vida.

O movimento feminista contemporâneo tem questionado de forma útil o modo como homens poderosos na cultura patriarcal usam esse poder para abusar de mulheres e coagi-las sexualmente. Essa necessária intervenção crítica é enfraquecida quando se dificulta o reconhecimento do modo como o desejo pode ser legitimado em relacionamentos entre indivíduos em que há diferença de poder, mas não abuso. Ela é enfraquecida quando qualquer indivíduo que está em uma posição menos poderosa é representado como um ser absolutamente sem poder de escolha, desprovido de autonomia para agir em seu interesse. Enquanto mulheres jovens forem socializadas a se enxergarem como incapazes de escolher as relações eróticas mais construtivas para sua vida, elas sempre estarão mais vulneráveis à vitimização. Isso não significa que não vão errar, assim como eu e outras incontáveis alunas erramos quando escolhemos ter ligações românticas frustrantes e improdutivas com professores. A questão é que não estávamos absorvendo uma mentalidade de vitimização da mulher. Isso teria sido profundamente desempoderador. Há uma nítida relação entre se submeter a abuso e até que ponto qualquer uma de nós já se sente destinada a ser vitimizada. Instituições acadêmicas farão um grave desserviço para alunos e alunas se, por meio de regras e regulamentações sobre relações eróticas com professores, construírem a ideia de estudantes, já de início, como vítimas.

Qualquer relacionamento em que haja desequilíbrio de poder será problemático; não precisa ser em um contexto favorável à exploração ou ao abuso. A vasta maioria das mulheres heterossexuais nesta sociedade tem a probabilidade de, em algum momento da vida, estar com homens que têm mais status e poder. Evidentemente, é mais importante para todas nós aprender maneiras de "apenas" estar em situações nas quais há desequilíbrio de poder, em vez de partir do pressuposto de que exploração e abuso são consequências "naturais" de todas as relações desse tipo. Perceba que o pensamento binário convencional fixa pessoas em posição de poder de modo a negar a responsabilidade e a escolha delas, determinando que só podem agir exclusivamente em prol de seus interesses. E que seus interesses sempre serão antagônicos aos de quem é menos poderoso.

O foco contemporâneo na vitimização raramente reconhece que o erótico é um espaço de transgressão que pode enfraquecer a dominação política. Em vez de conceber o desejo entre docentes e estudantes como sempre e somente perigoso, negativo e destrutivo, por que não considerar os usos positivos desse desejo, o modo como o erótico pode servir para intensificar a autorrealização e o crescimento? Fala-se muito mais sobre como as pessoas têm abusado do poder em relações docente/ estudante nas quais há envolvimento erótico; quase nunca ouvimos alguma coisa sobre como o desejo sexual entre professor e estudante intensifica o crescimento pessoal. Não se fala sobre os laços de afeto que nascem de relações eróticas e desafiam as noções convencionais de "comportamento apropriado". A maioria dos professores, mesmo os culpados, reconheceria que é altamente problemático e não raro improdutivo estar envolvido numa relação romântica com alunas e alunos com quem trabalham diretamente, tanto na sala de aula quanto em particular. Ainda assim, proibições, regras e regulamentações não impedirão essas relações.

O papel da vigilância não é proibir tais relações, mas ter um sistema que previna assédios e abusos de forma efetiva. Em todos os campi universitários neste país, há professores homens que repetidamente assediam e coagem alunas e alunos a se envolverem em relações sexuais. Na maioria dos casos, mesmo quando houve reclamações constantes, a administração da faculdade não confrontou esses indivíduos nem seguiu os procedimentos já institucionalizados para casos de assédio, a fim de os compelir a cessar o comportamento abusivo. Mesmo que todos pareçam plenamente capazes de reconhecer a diferença entre esses professores que abusam do poder e aqueles que podem vir a ter um relacionamento romântico consensual com uma aluna ou um aluno, essa diferença é negada pelas regras e regulamentações que afetam todos os docentes e estudantes.

Alguns insistem em defender que não há diferença, que a posição de aluno é sempre mais vulnerável. É verdade que relações com desequilíbrio de poder significativo tendem a ser terreno fértil para a vitimização. Elas podem começar com consentimento mútuo, mas isso não garante que não venham a ser conflituosas, que a parte mais poderosa não possa se tornar coercitiva ou abusiva. Isso se aplica a todas as relações na vida. O poder deve ser negociado. Parte do processo de amadurecimento é aprender a lidar com o conflito. Muitos casos de exploração envolvem estudantes de pós-graduação e professores. É difícil acreditar que qualquer estudante de pós-graduação não esteja plenamente consciente dos riscos quando se envolve eroticamente com um professor que tem algum nível de controle sobre a carreira dela ou dele. Ao mesmo tempo, sexismo e misoginia precisam ser vistos como fatores atuantes sempre que um professor poderoso direciona sua atenção a alunas extremamente inteligentes que poderiam com facilidade se tornar suas concorrentes. Se os campi quiserem de fato abordar problemas de abuso nas relações entre docentes e estudantes, devemos socializar graduandas e graduandos para que sejam realistas quanto aos problemas que podem surgir nessas relações.

A reportagem sobre relações românticas entre estudantes e docentes publicada na revista *Time* começa com este relato:

> Durante os três meses de 1993 em que dormiu com seu professor de inglês, Lisa Topol emagreceu oito quilos. Ela perdeu o interesse

pelas aulas na Universidade da Pensilvânia, perdeu a reputação de estudante de honra e se questionava se estaria perdendo a cabeça. Se ela tentasse acabar com tudo, pensava, poderia arruinar sua carreira acadêmica. Então, Lisa fez algumas ligações e soube um pouco mais sobre o professor que ela passou a enxergar como um predador.

Se tirássemos as palavras "acadêmica" e "professor", isso soaria como a narrativa problemática de qualquer pessoa envolvida com seu supervisor no trabalho. O problema dessa história não é que ela não fale a verdade, mas que ela conte uma verdade parcial. Não temos ideia do motivo de Lisa Topol ter entrado nesse relacionamento. Não sabemos se foi consensual. Não sabemos nem como nem por que o homem em questão tornou-se abusivo. O que sabemos é que ele não se tornou abusivo simplesmente porque era professor. O problema aqui não está na relação docente/estudante, mas no homem em si e no grande número de homens que, como ele, têm comportamento predatório em relação às mulheres. O patriarcado e a dominação masculina aceitam esse abuso. Mesmo assim, a maioria dos homens e das mulheres na academia, e na sociedade como um todo, não se dedica a um ativismo direcionado ao patriarcado. Há muitos romances entre docente e estudante que terminam em amizade, e alguns que levam ao casamento e/ou parceria. Obviamente, os professores nessas relações são capazes de uma conduta que não é exploradora, apesar da diferença de poder. Há muito mais professores envolvidos com estudantes que não são abusivos do que aqueles que são.

A verdade é que nossa pedagogia está falhando tanto dentro quanto fora da sala de aula se os estudantes não tiverem consciência de sua autonomia quando se trata de escolher uma relação de intimidade com um membro do corpo docente. Algumas pessoas se opõem aos laços eróticos entre docente e estudante porque dizem que isso cria um clima de favoritismo que pode ser profundamente disruptivo. Na verdade, qualquer laço íntimo entre um professor e um aluno ou aluna tem potencial para o favoritismo, independentemente de a intimidade ser erótica. O fato é que há muitas situações em que o favoritismo permeia a sala de aula sem ter relação com o desejo. A maioria dos professores, por exemplo, é parcial sobretudo com estudantes que fazem seu trabalho com rigor e entusiasmo intelectual. Esse é um tipo de favoritismo, mas ninguém busca eliminar, questionar ou policiar isso.

Mulheres e homens jovens que ingressam na faculdade estão no processo de reivindicar e afirmar seu status de adulto. A sexualidade, assim como a sala de aula, é um lugar onde se notam essa progressão e essa maturação. Relações entre docentes e estudantes, sejam elas meramente amigáveis ou eróticas, são interações que deveriam sempre empoderar estudantes para se tornarem mais plenamente adultos.

Um ambiente de faculdade deveria fortalecer a habilidade de um estudante para tomar decisões e fazer escolhas maduras e responsáveis. Os membros do corpo docente que se envolvem em relações românticas com uma aluna ou um aluno (independentemente de terem iniciado o romance ou cedido à proposta), que não são exploradores nem dominadores, nutrirão esse amadurecimento. Na minha carreira de ensino, tive um relacionamento com um estudante. Eu era docente não efetiva da Universidade Yale quando esse namoro começou. Embora ele fosse da minha turma, não me aproximei dele durante o período em que estudava comigo, pois não queria trazer essa dinâmica nem para dentro da sala de aula, nem para a avaliação que eu fizesse de seu trabalho. Ele não era um aluno excepcional na minha disciplina. Quando o curso acabou, começamos a ficar íntimos.

Desde o começo, tivemos conflitos sobre poder. A relação não funcionou, mas mesmo assim nos tornamos amigos. Recentemente ele me visitou, e compartilhei com ele que estava escrevendo este livro. Queria saber se ele pensava que eu tinha me aproveitado dele. Ele se lembrou de como ficara chocado ao saber que eu o desejava, porque, a princípio, ele me via como aquela professora que admirava e em quem se inspirava. Em uma conversa, ele compartilhou sua perspectiva:

> Não me senti coagido de forma alguma. Só fiquei surpreso e chocado. Senti que era intrigante o fato de poder conversar com você a sós sobre questões levantadas na sala de aula. Fiquei feliz por ter a chance de conhecê-la melhor, pois sabia que você era uma professora inteligente e talentosa. Nós todos pensávamos que você era especial. Eu era jovem e inexperiente, e, ainda que fosse excitante você me desejar, era também assustador.

Nosso romance não deu certo. Tivemos muitos momentos terríveis de conflito; no entanto, nossa amizade se aprofundou ao longo dos anos e se baseia em respeito mútuo e cuidado.

A devoção de um estudante a um professor pode facilmente ser o contexto em que desejos eróticos emergem. Uma pedagogia apaixonada é capaz de acender a energia erótica em qualquer situação. Ela não pode ser policiada ou banida. Essa energia erótica pode ser usada de forma construtiva, tanto em relacionamentos individuais quanto no contexto da sala de aula. Assim como é importante que estejamos atentos para desafiar os abusos de poder em que o erótico se torna terreno de exploração, é importante reconhecermos o espaço em que a interação erótica é favorável e positivamente transformadora. O desejo em relações nas quais a hierarquia e o desequilíbrio de poder separam indivíduos é potencialmente disruptivo e simultaneamente transformador. O desejo pode ser a força democrática de equalização, o lembrete feroz das limitações da hierarquia e do status, mas também pode ser um precedente para abuso e exploração.

O erótico está sempre presente, sempre conosco. Quando negamos que sentimentos eróticos *sempre* emergirão entre professores e estudantes, impedimos o reconhecimento da responsabilidade. As implicações de entrar em relações íntimas em que há desequilíbrio de poder não podem ser compreendidas, assim como essas relações não podem ser estruturadas com cuidado, em um contexto cultural no qual o desejo disruptivo é visto como um tabu tão grande que não pode ser verbalizado, reconhecido e abordado. Banir relações entre docente e estudante criaria um clima de silêncio que apenas intensificaria dinâmicas de coerção e exploração. Se diferenças de poder são abertamente discutidas quando o erotismo vem à tona, é criado um espaço em que a escolha é possível, em que a responsabilidade pode ser facilmente avaliada.

ensinamento 13
espiritualidade
na educação

Gostaria de compartilhar o que penso sobre espiritualidade *na* educação e o que faço.

Personificando os ensinamentos

Uma das primeiras coisas que faço é levar meu corpo para perto dos estudantes: para vê-los, para estar com eles.

Eu nunca me encontrei com o professor budista Chögyam Trungpa Rinpoche, fundador do Instituto Naropa, porque o temia. Parte do meu medo tinha relação com o que ele movimentaria no meu corpo — o que ele movimentaria na minha existência. Os ensinamentos em seu trabalho escrito, no entanto, moldaram quem eu sou como professora.

Muitos de vocês me dizem: "bell, sinto que a conheço; sinto que estou com você enquanto leio seus textos". Um dos meus textos favoritos, por quem eu sou, é o livro de Trungpa Rinpoche *Além do materialismo espiritual*. Essa obra constantemente me influencia: me faz pensar sobre o que significa ter uma vida no espírito. Não podemos conversar sobre espiritualidade na educação sem antes falarmos do que significa ter uma vida no espírito. Portanto, não somos professores apenas quando entramos na sala de aula; somos professores em todos os momentos da vida.

O que me atrai no Dalai Lama é o modo como ele usa o corpo como um ensinamento para nós, o momento espontâneo. Algo importante para mim em relação a Trungpa Rinpoche é o senso do inesperado, da espontaneidade e dos mistérios que se revelam em sua escrita.

Para vivermos uma vida no espírito, para sermos verdadeiros com a vida do espírito, precisamos estar abertos aos chamados — nem sempre eles virão de um modo que nos agrada.

O chamado do espírito

Os ensinamentos de Trungpa Rinpoche me chamavam insistentemente, mas eu seguia dizendo: "Não, não estou pronta para isso. É demais para mim".

Certa vez, fui convidada para participar de uma conferência com o Dalai Lama em Boulder, Colorado. Sempre brinco com as pessoas que fui convidada de última hora. O coordenador, por sua vez, brincou comigo dizendo que ligou para dezessete estados me procurando. Se quisermos ter intimidade com a alteridade, às vezes temos de procurar por ela. Pode ser que tenhamos de buscar em dezessete estados diferentes.

A conferência aconteceria na época do ano em que costumo fazer silêncio. Não vou a lugar nenhum. A conferência, no entanto, continuava vindo a mim de diversas formas, porém eu seguia pensando: "Não quero fazer isso. Esse não é meu lugar agora". Mas o espírito continuou a me chamar.

Então comecei a ficar doente. Como eu estava tossindo sangue, liguei para o organizador da conferência para dizer: "Sinto muito, não posso ir". Mas ninguém atendeu ao telefone nem me ligou de volta. Então pensei: "Serei manhosa; vou ligar para minha irmã, que viajaria para lá comigo, e dizer a ela: 'Estou muito doente, você quer *mesmo* fazer isso?'".

No entanto, ela respondeu: "Ah, sim, quero mesmo ir. E estou precisando de uma pausa".

É assim que o espírito chama, às vezes. Mas não podemos fingir, fazer parecer que viver uma vida no espírito é simples. Pelo contrário: viver a vida no espírito é difícil. Não é uma vida que gira em torno de quanto as pessoas vão gostar de você.

Nós todos agimos como se "gostássemos" muito do Dalai Lama, como se fôssemos muito encantados por ele. Mas, quando encontramos um professor que nos mergulha em imenso e profundo mistério, muitas vezes não gostamos dele. Não é fácil; e não é fácil ser esse professor.

Oportunidade

Durante a conferência, perdemos um momento potente de ensino. Enquanto cantávamos "Down by the Riverside", Dalai Lama disse que não entendia o que estávamos cantando. Mas não aproveitamos a oportunidade de entrar no momento, para compartilhar com ele aquela conexão entre a opressão dos povos africanos e dos afro-estadunidenses, o contínuo que nos conecta ao Tibete.

Com frequência, me perguntam: "Mas por que o budismo?", "Por que você se interessa pelo Tibete?". E há as perguntas específicas de pessoas negras: "Mas e o trabalho que tem para ser feito aqui?", "E os budistas brancos que não dão a mínima para o que está acontecendo conosco aqui?".

Penso que é muito importante não entregar o Tibete, e sim conectar a liberdade do Tibete com a nossa e entender, como mulher afro-estadunidense, que meu ser está conectado com o ser de todo o povo tibetano, que batalha e sofre, e saber que, mesmo que eu nunca os veja ou os conheça, estamos conectados em nosso sofrimento. Essa conexão é parte do entendimento de compaixão, de que ela é expansiva, de que se move em um contínuo.

Eu comentei com minha irmã sobre o Dalai Lama: "Puxa, ele não se parece com nosso irmão?". Então falei sobre dois monges que estavam sentados lá: "Puxa, se tirassem aquelas vestes, eles pareceriam duas pessoas negras que conhecemos a vida inteira".

E até que ponto as pessoas ficariam encantadas por eles se fossem apenas duas pessoas negras vestindo roupas velhas normais, andando por aí na velha Boulder de sempre? Até que ponto sentiríamos medo? Ou não aproveitaríamos a oportunidade de ter alguma intimidade com a alteridade?

Libertação do espírito

Quando menina, tocada pelas dimensões místicas da fé cristã, senti a presença do Amado em meu coração: a unicidade da vida. Naquela época, em que eu ainda não havia aprendido a linguagem certa, sabia apenas que, apesar dos problemas do mundo, do sofrimento que eu testemunhava ao meu redor e dentro de mim, haveria sempre uma força espiritual disponível, que poderia me elevar mais alto, que poderia me proporcionar momentos de êxtase transcendente durante os quais eu conseguiria renunciar a todos os pensamentos sobre o mundo e conhecer a paz profunda.

Desde cedo, meu coração foi tocado por esse encantamento. Eu conhecia aquele arrebatamento, e me comprometi a buscar o caminho: a buscar a verdade. Estava determinada a viver no espírito.

O teólogo negro James Cone diz que a sobrevivência e a libertação dependem do reconhecimento da verdade, quando é verbalizada e vivida:

> Se não conseguirmos reconhecer a verdade, ela não poderá nos libertar da inverdade. Conhecer a verdade é se preparar para ela, pois não se trata apenas de reflexão e teoria. A verdade é ação divina penetrando nossa vida e criando a ação humana de libertação.

Ao refletir sobre minha juventude, destaco a dimensão mística da fé cristã porque foi esse aspecto da experiência religiosa que achei verdadeiramente libertador. As crenças religiosas mais básicas que me ensinaram, incentivando a obediência desmedida à autoridade e a aceitação de hierarquias opressoras, não me comoviam.

Não, foram aquelas experiências místicas que me possibilitaram entender e reconhecer a dimensão de estar em uma experiência espiritual que transcende tanto a autoridade quanto a lei.

Voltando para casa

Como estudante de pós-graduação em busca de espiritualidade na educação, eu queria que houvesse lugar em minha vida para teoria e política tanto quanto para a prática espiritual. Eu buscava um espaço de encontro entre elas.

Acho interessante que os dois mestres espirituais que têm sido tão importantes para mim, e que perpassam minha obra, sejam tão diferentes: Trungpa Rinpoche e Thich Nhat Hanh, o mestre zen vietnamita. Suas visões são distintas de várias formas. Um é muito comprometido com a mágica e o mistério, a coragem. O outro é levemente mais doutrinador, mas muito comprometido com a noção de abertura do coração.

Um dos primeiros textos que me conduziram pelo caminho de Thich Nhat Hanh foi o livro que ele escreveu com Daniel Berrigan, *The Raft Is Not the Shore* [A jangada não é a costa]. Nele, Thich Nhat Hanh escreve sobre autocura. Na tradição budista, ele diz, as pessoas costumavam falar da iluminação como um tipo de volta para casa.

"Os três mundos", ele diz, "o mundo da forma, da não forma e do desejo, não são sua casa." Esses são lugares aonde você vai quando se afasta; são as muitas existências alienadas de sua própria natureza. Portanto, a iluminação é o caminho de volta: o caminho para casa.

Thich Nhat Hanh fala sobre os esforços para retornar no sentido de recuperar o Eu, a própria integridade. Comecei a usar essa visão da autocura espiritual em relação à recuperação política de pessoas colonizadas e oprimidas. Fiz isso para enxergar os pontos de convergência entre o esforço de viver no espírito e o esforço de povos oprimidos para renovar o espírito, para se reencontrar em um lugar de sofrimento e resistência.

Eis minhas questões: Qual é o lugar do amor nessa recuperação? Qual é o lugar do amor na experiência da alteridade íntima?

Quando venho aqui, ou vou a qualquer lugar e sinto que de alguma maneira não estou totalmente presente ou não sou totalmente vista, o que me permite entrar nesse espaço de alteridade é o amor. O amor que consigo gerar dentro de mim como luz e que emito, irradio, pode tocar as pessoas. O amor pode conectar o senso de alteridade. É necessário prática para ser vigilante, para irradiar esse amor. Dá trabalho.

Fico encantada com essas pessoas que lecionam em lugares onde a espiritualidade é aceita. A maior parte da minha experiência docente se deu em ambientes total, profunda e completamente hostis à espiritualidade, onde colegas riem de você se pensam que você tem alguma noção de vida espiritual.

Muito da minha experiência, da minha prática de ensino foi aperfeiçoado nesse tipo de ambiente particularmente árido, ou seja, por ser espiritualizada na educação em um ambiente bastante hostil a isso. Sem nomear essa hostilidade, mas trabalhando com ela de tal modo que o espírito possa, ainda assim, estar presente: que o fogo queime sem nenhum combustível, sem qualquer coisa no ambiente que o provoque.

Howard Thurman sustentou que a experiência do amor redentor era essencial para a autorrealização individual e coletiva. Um amor assim tem um poder de afirmação. Em *The Growing Edge* [A margem crescente], ele argumenta que, independentemente de sermos bons ou maus, somos tratados em um ponto além de tudo o que é limitante e tudo o que é criativo dentro de nós. Somos tratados no âmago de nosso ser; e, nesse centro, somos tocados e libertados.

Em boa parte de sua obra, Thurman alerta àqueles que estão preocupados com uma mudança social radical a não permitir à nossa visão se conformar com um padrão que buscamos impor, mas, sim, permitir que ela seja "modelada e formada de acordo com a transformação mais profunda que está ocorrendo em nosso espírito".

Ser guiado por amor é viver em comunidade com toda a vida. No entanto, uma cultura de dominação como esta em que vivemos não se dedica a nos ensinar a viver em comunidade. Como consequência, aprender a viver em comunidade precisa ser uma prática central para todos nós que desejamos a espiritualidade na educação.

Com muita frequência, pensamos sobre comunidade em termos de estar com pessoas parecidas conosco: mesma classe, mesma raça, mesma etnia, mesma posição social e afins. Evocamos noções vagas de comunidade e compaixão, mas quantos de nós compassivamente saíram em busca de um outro íntimo para integrá-lo a nós hoje? Dessa forma, quando olhássemos ao redor, não veríamos apenas um tipo de classe social, um grupo similar de pessoas, pessoas exatamente como nós: um certo tipo de exclusividade.

Eu penso que precisamos ser conscientes. Precisamos trabalhar contra o perigo de evocar algo que não nos desafiamos a praticar. Muitas pessoas brancas podem viajar até o Tibete para vivenciar a alteridade íntima, mas não conseguem imaginar a ideia de encontrar um outro no exato lugar onde moram e dizer: "Você gostaria de se juntar a mim?".

Certa vez, uma jovem me disse em uma conferência: "Eu gostaria de participar hoje à noite, mas não me inscrevi". E eu respondi a ela: "Bem, aqui. Tome meu ingresso, assim você poderá participar". Fiz isso quando estava tentando encontrar, por mim, pelo meu dia, uma resposta para a questão: "Quais são as ações que concretamente praticarei hoje para me inserir em uma comunidade mais ampla? Com aquilo que não está aqui?".

Abordei essas questões escrevendo uma carta para um companheiro espiritual, Cornel West, com quem certa vez tive discussões profundas e apaixonadas sobre o significado da vida espiritual e sobre o que fomos determinados a fazer como professores. Um dos pontos sobre os quais discutimos foi a noção de amor sacrificial.

Há um instante de suspensão que nos permite, em meio à dor física e emocional, lembrar que somos mais do que a nossa dor. E que há outros modos pelos quais podemos falar.

Uma das coisas que constantemente ouço Thich Nhat Hanh falar em minha mente é isto: "Quando estamos no âmago do mestre, o mestre não precisa necessariamente falar conosco". A presença de seu corpo, sua existência propriamente dita, significa algo para nós. Um retorno ao concreto.

Talvez uma das lutas políticas mais intensas que enfrentamos — e a maior batalha espiritual — na busca por transformar a sociedade seja o esforço de manter a integridade do ser. Em minha carta para Cornel, escrevi:

Damos testemunho não apenas por meio de nosso trabalho intelectual, mas também por meio de nós mesmos, de nossa vida. Certamente, a crise destes tempos exige a nossa totalidade. Você se lembra da música que perguntava: "O seu altar de sacrifício está atrasado?". Para mim, essa "totalidade" inclui nossos hábitos de ser, nosso modo de viver. São ambos, a prática política e o sacrifício espiritual, uma vida de resistência. Como podemos falar de mudança, de esperança e amor se cortejamos a morte? Todo o trabalho que fazemos, não importa quão brilhante ou revolucionário em pensamento ou ação, perde poder e significado se não tivermos a integridade do ser.

Posso testemunhar a favor da significância da prática espiritual e dizer que essa prática sustenta e nutre o ensino progressista, a política progressista, e potencializa a luta por libertação.

ensinamento 14

assim é a nossa vida: ensino sobre a morte

Assistir à mãe do meu pai, Rachel, morrer quando eu era criança, vê-la em um momento e depois não mais ali, para sempre, proporcionou-me uma compreensão prematura de que a morte pode nos pegar de surpresa. Depois disso, minha mãe sempre nos dizia "a vida não está prometida" — seu conselho nos desafiava a sair da inércia para a ação, da indiferença para o engajamento apaixonado. É parte do meu destino contemplar o significado da morte. Na minha prática espiritual, frequentemente foco meditações destinadas a fortalecer nossa consciência sobre a presença constante da morte, para nos ajudar a viver com totalidade o momento que temos, o momento vivo — o presente. Ram Dass usa uma frase simples para nos chamar de volta ao momento presente: "Esteja aqui agora".

A educação universitária é em geral tão direcionada ao futuro, às recompensas que o futuro imaginado trará, que fica difícil ensinar aos estudantes que o presente é um lugar significativo. Na prática de ensino moderna, as mensagens que os estudantes recebem é a de que tudo que aprendem na sala de aula é mera matéria-prima para algo que vão produzir mais tarde. Esse deslocamento de sentido para o futuro torna impossível para os estudantes mergulhar com totalidade na arte do aprendizado e vivenciar esse mergulho como um momento de realização completo e satisfatório.

A faculdade, como imaginada pela cultura dominante, é uma paragem ao longo de uma jornada cujo destino é sempre outro lugar. A educação universitária exige gratificação posterior. Essa é uma das principais razões para muitos estudantes ficarem cronicamente descontentes, frustrados e queixosos. Ao contrário do chamado de Ram Dass, "esteja aqui agora", alunos e alunas são socializados pela pedagogia convencional a acreditar que seu "agora" é sempre inadequado e incompleto. Uma das poucas experiências que professores e professoras compartilham na atualidade, independentemente de nossas crenças políticas, pontos de vista ou disciplinas, é a sensação generalizada de exaustão que emerge quando confrontamos essa insatisfação crônica entre os estudantes.

A visão de progresso que é central para o patriarcado supremacista branco capitalista imperialista sempre enfatiza o futuro — há sempre um momento melhor do que o atual, um emprego melhor, uma casa melhor, um relacionamento melhor. A educação, como convencionalmente a conhecemos, exerce um papel fundamental como lugar onde alunos e alunas aprendem a incorporar valores que sustentam o *status quo*. Todo professor de humanidades tem histórias para contar sobre estudantes que desvalorizam tanto o que fazemos quanto o que aprendem em nossas salas de aula porque são incapazes de atribuir qualquer significado substancial a experiências que não atravessam diretamente suas visões futuras de sucesso. Provavelmente, nunca houve um momento na história da educação universitária em que existissem salas de aula sem estudantes oportunistas voltados para o futuro; no entanto, houve um tempo em que esse tipo de aluno era minoria. Certa vez, houve estudantes (e aqui eu me incluo) que queriam ficar na faculdade para sempre, porque os cursos proporcionavam uma experiência de estudo, aprendizado e parceria comunal na busca por conhecimento que era simplesmente divina. Hoje, nossas salas de aula estão mais suscetíveis a serem compostas por estudantes fissurados pela grande chance, pela oportunidade que enxergam se abrir no futuro. É óbvio que eles ficam obcecados por notas e dispostos a fazer praticamente qualquer coisa para garantir a avaliação que aumentará suas chances de sucesso lá na frente.

Como professores e professoras, nós nos unimos a eles nessa obsessão em relação ao futuro quando trabalhamos para obter promoção, efetivação, boas avaliações. Acadêmica e intelectualmente, muito do trabalho que fazemos nos convida ao engajamento em processos analíticos constantes. Com muita frequência, nossa mente está direcionada ao passado ou ao futuro (sobretudo quando trabalhamos com ideias, tentando descobrir pensamentos originais que nos distanciarão de nossos colegas e nos farão avançar na carreira). Esse modo de pensar pode ser incrivelmente frutífero, mas, a menos que possamos combiná-lo com formas mais passivas — o que Richard Carson e Joseph Bailey chamam de "modo do fluxo livre" —, ele pode abafar nossa capacidade de estar em contato com o presente. Carson e Bailey enfatizam que, quando estamos engajados apenas no pensamento analítico, escolhemos a relação com ideias que é mais valorizada na pedagogia convencional. Ampliando a explicação, eles argumentam:

> Se você estiver pensando ativamente, estará em modo de processamento; se estiver pensando passivamente, estará no modo do

fluxo livre. Quando você está no fluxo, a sensação é a de que nem sequer está pensando. O pensamento parece acontecer com você. O modo do fluxo livre de pensamento se move natural e constantemente, trazendo pensamentos novos e harmoniosos. Quando você está no modo de processamento, no entanto, o pensamento é originado a partir da memória.

Quando eu estava na pós-graduação, há anos, as aulas nas quais eu mais aprendia eram aquelas em que essas duas abordagens eram combinadas. No entanto, a atual necessidade frenética de impor prazos, abordando uma quantidade de material predeterminada, deixa pouco espaço (se é que deixa algum) para o silêncio, para o trabalho de fluxo livre. A maioria de nós ensina, e nos ensinaram, que apenas o futuro de fato interessa.

Essa mudança de comportamento está diretamente relacionada à nossa mudança cultural, de um momento em que valores não materialistas e não mercadológicos coexistiam com o desejo de sucesso econômico, para uma cultura em que o materialismo hedonista e o consumismo desenfreado são a norma. Em uma cultura do tipo "você é o que você compra", sonetos têm pouco significado. A poesia só importa se ela puder ser usada para fazer um *jingle* cativante para um comercial, se puder ser usada para vender algo.

Sou da geração *baby boomer* de professores que, em início de carreira, entraram em um clima acadêmico no qual esperávamos trabalhar duro e receber salários baixos a vida toda. Para muitos de nós, a compensação seria termos tempo. Teríamos férias longas e os verões de folga para pensar, escrever, sonhar. Se na época em que eu tinha meus vinte anos alguém tivesse dito que um dia eu receberia (mesmo que por pouco tempo) um salário de seis dígitos para trabalhar como professora, eu teria rido na cara dessa pessoa. Parecia impossível. Ainda assim, alcancei o auge do sucesso acadêmico, ofereceram-me (e eu aceitei) o título de Distinguished Professorship [o mais alto título de professor com estabilidade], e recebi aquele salário altíssimo. Pedi demissão desse emprego relativamente pouco tempo depois, porque não estava mais satisfeita comigo mesma em sala de aula e com o clima educacional na universidade.

Foi difícil dizer ao mundo que havia me demitido, pois sabia que seria complicado explicar que sentia não estar mais desempenhando minha função de professora com o nível de graça e excelência que era o meu parâmetro. Uma das minhas melhores amigas e colegas na academia tentou me convencer que um dia nota cinco em minha sala de aula era como um dia nota dez em outras disciplinas de nossa instituição. Quando anunciei meu plano de primeiro tirar licença não remunerada por vários anos e então me demitir, me disseram que eu era louca. Meus colegas compartilharam a sensação deles de que era loucura ter sido uma professora mal paga por mais de vinte anos e fugido depois de finalmente alcançar uma remuneração extraordinária. O foco deles era apenas a recompensa financeira — muita grana. Não estavam muito preocupados com a qualidade da vida em sala de aula.

Durante os dois anos em que fiquei de licença não remunerada, mais dois camaradas intelectuais, escritores e artistas foram acrescentados à lista dos meus colegas que morreram nos últimos dez anos. Felix Gonzales-Torres, Marlon Riggs, Essex Hemphill e Toni Cade Bambara. Com um câncer que estava consumindo sua energia vital, Toni me xingou em seu leito de hospital por eu trabalhar demais. Aquela festeira inveterada estava me dizendo que eu precisava me divertir mais. Isso enquanto eu dizia a ela que não achava que promoveria grandes festas, mas que levaria em consideração o chamado para aceitar meu ambiente, para observar e viver e encontrar ou criar espaços de alegria.

Uma das aulas mais memoráveis que já dei foi em Yale, em um curso sobre escritoras afro-estadunidenses. Estávamos lendo o intenso livro *The Salt Eaters* [Os comedores de sal], de Toni Bambara. Os estudantes, acostumados a ler histórias "fáceis" escritas por mulheres negras, estavam se esforçando. Havia mais de cinquenta estudantes em minha turma. Quando chamei Toni e perguntei se ela falaria com eles sobre seus textos, sua obra e suas escolhas de vida, ela veio. Um cachê modesto foi disponibilizado pelo departamento. Sem estrelato, sem holofotes, sem pôsteres. Ela hipnotizou os estudantes, concedendo a eles a oportunidade de ouvir relatos reais do processo de uma escritora. A conversa entre mim e Toni deu um novo tom ao livro; foi como um momento de improviso no jazz. Os estudantes não queriam sair da aula. Nós simplesmente não queríamos que aquele momento acabasse. Foi uma daquelas situações em que todos estavam presentes por inteiro no agora.

Nos dias de hoje, momentos como esse raramente acontecem em um mundo onde a maioria dos escritores quer — em geral, desesperadamente — receber para falar em uma sala de aula. Há anos me sinto incomodada com a realidade de que quase todos os escritores da nossa nação acabam trabalhando na academia para sobreviver economicamente. Isso me incomoda porque nossas instituições são conservadoras e confinam nossa voz e nossa imaginação mais do que percebemos. Inconscientemente nos tornamos controladores conosco, representantes de uma instituição, e não devotos do mundo sagrado da imaginação. Nós nos censuramos. Trazemos uma aura de morte à sala de aula quando impedimos a imaginação de se manifestar e de fazer o que precisa.

Outro grande momento de ensino e aprendizagem para mim aconteceu quando descobri que Ann Petry, autora do incrível romance de protesto *A rua*, estava morando a poucos quilômetros de Yale. Achei seu número na lista telefônica e liguei para ela, sem dizer que pensava que tinha morrido, já que a universidade em que eu vivia e trabalhava não se lembrava bem dela àquela época. Depois de visitá-la em sua casa e de mostrar meu amor por seu trabalho, levei-a para uma aula minha em Yale. Baixa, fortinha (como minha vovó diria), grisalha (como minha vovó considerava apropriado que uma senhora fosse — grisalha e orgulhosa disso), ela começou a fala com uma afirmação provocativa sobre a morte. Com uma voz tão certeira e penetrante quanto aço galvanizado, aquela pequena senhora nos disse que sabia, antes de ter escrito uma palavra, que Lutie assassinaria seu amante Boots em um ato de autodefesa.

A graça e o alcance da imaginação de Petry impressionaram seus ouvintes. Lembrei-me da declaração de June Jordan:

> Se adquirir minha autodeterminação faz parte de um movimento mundial, inevitável e correto, então eu deveria estar pronta para abraçar cada vez mais do mundo inteiro, sem medo e sem autossacrifício. Isso significa que, como feminista negra, não se pode esperar que eu respeite o que uma outra pessoa chama de amor-próprio, se esse conceito de amor-próprio exige o meu suicídio em algum grau.

Ann Petry deu ao mundo um dos primeiros retratos de uma mulher negra engajada na resistência crítica, desafiando a dominação enquanto encarava as intersecções de raça, sexo e classe. Petry já morreu. Ela viveu uma vida longa e plena. June Jordan já morreu. Ela também viveu plenamente, mas não teve uma vida longa o suficiente; assim como muitas escritoras negras, ela morreu em seu auge. Quando mulheres negras companheiras, escritoras e artistas, estiveram à beira da morte, houve um esforço, no espírito de comunidade, para que da morte delas pudéssemos tanto aprender quanto ensinar. Em *Nossa maior dádiva*, livro de reflexões sobre morte e cuidado, o padre jesuíta Henri Nouwen (cuja obra me ensina, como ensinava quando ele ainda era vivo) oferece esta percepção:

> Cuidar em conjunto é a base para a vida em comunidade. Não nos reunimos simplesmente para o consolo mútuo, nem mesmo para o apoio recíproco. Por mais importantes que eles possam ser, a vida em comunidade é direcionada, a longo prazo, para outros caminhos. Juntos, estendemos a mão aos outros [...]. O mistério desse cuidar em comunhão é que ele não apenas pede por uma comunidade, mas também a cria.

Em um mundo onde as palavras de escritoras negras, até mesmo nossos próprios nomes, costumam ser esquecidas rapidamente, é essencial e necessário vivermos por meio da escrita e do ensino das palavras de nossas grandes e boas escritoras, cujas vozes não podem mais ser silenciadas, nem mesmo pela morte.

Qualquer professora e professor que ensine a obra de mulheres negras escritoras fica tocado pelo fato de que a vasta maioria desses livros é escrita por mulheres que não tiveram uma vida longa o bastante, que morreram jovens. Ao abordar essa obra, sou provocada, tanto em reflexões acerca do passado quanto pela nossa existência presente, a contemplar o significado de morrer, enquanto pondero sobre a qualidade de vida em sala de aula.

Recentemente, a morte de amigos, companheiros e colegas serviu a muitos de nós como um lembrete constante da presença da morte. Aqui em Nova York, no Onze de Setembro, não muito distante das Torres Gêmeas, a morte parecia muito próxima. Meu pequeno apartamento, às vezes permeado pelo cheiro fétido de fumaça carregando o gosto da morte — brutal, insensível e trágica —, não era mais um refúgio. Ele se tornou um lugar para confrontar a morte. Em busca do significado da morte, foquei a prática espiritual da visão budista do "nosso compromisso com a vida", que me envolve em sutras sobre impermanência, a realidade do agora que o monge budista vietnamita Thich Nhat Hanh evoca como "momento presente, único momento". Ele ensina:

> Nosso verdadeiro lar está no momento presente. Viver no momento presente é um milagre. O milagre não é andar sobre a água. A paz está ao nosso redor [...]. Uma vez que aprendemos a tocar essa paz, seremos curados e transformados. Não é questão de fé; é questão de prática. Precisamos apenas encontrar modos de trazer nosso corpo e mente de volta ao momento presente [...].

Suas palavras simples sobre paz me desafiam, bem como a professores como eu, no âmago de nosso ser, mesmo que estejamos obcecados por pensamentos, análises e críticas. A prática da meditação atenção plena me ajudou a balancear minha paixão pelo pensamento, por processamento — essa paixão que é o catalisador para um ensino extasiante —, com uma paixão pelo silêncio, pelo momento presente.

Quando me sento para ouvir a palestra desse grande professor, quando me sento e converso de coração para coração com ele sem plateia, sou convocada a me render completamente: a estar no momento presente. A presença dele, mesmo sem palavras, chama por mim. E levo essa prática da consciência plena para a sala de aula, na esperança de que os estudantes aprendam com meu exemplo a estar por inteiro onde estamos — aqui e agora. Thich Nhat Hanh explica:

> Nossa tendência é estarmos vivos no futuro, não agora. Dizemos: "Espere só até eu terminar a universidade e pegar meu diploma de PhD, então eu estarei realmente viva [...]". Não somos capazes de estar vivos no momento presente. Nossa tendência é postergar estar vivo para o futuro, o futuro distante, não sabemos quando. Agora não é o momento para estar vivo. Talvez jamais estejamos vivos durante toda a nossa vida. Lá, a técnica é estar no momento presente, estar consciente de que estamos aqui e agora e que o único momento para estar vivo é o momento presente [...]. Esse é o único momento real.

Podemos compartilhar esse entendimento com nossos estudantes. Podemos compartilhá-lo em uma palestra de cinco minutos. Podemos ajudá-los a confiar no presente.

Sempre que eu estava frustrada com o ambiente entediante, improdutivo e de energia debilitada da sala de aula, geralmente conseguia mudar o clima ameaçando dar minha palestra "Assim é a nossa vida". Aquela que começa com a morte e o processo de morrer. É uma fala breve sobre a qualidade da vida na sala de aula, um lembrete de que nosso tempo juntos pode ser altamente gratificante, completo, um espaço onde podemos largar todos os pensamentos sobre o futuro. Causa desconforto nos estudantes falar sobre morte. Eles querem se apegar à obsessão pelo futuro porque é a principal maneira de darem sentido ao presente. Vindos de um contexto de pedagogia convencional, em geral não conseguem valorizar o aprendizado pelo aprendizado. Para eles, há um objetivo em aprender — não valorizado em si, mas como um meio para alcançar outra coisa.

Ensinar os estudantes a estar presentes por inteiro na sala de aula, apreciando o momento, o Agora, sem temer que isso coloque o futuro em risco: essa é uma prática essencial de atenção plena para verdadeiros educadores. Sem um foco no "Agora", podemos fazer o trabalho de educar de forma a eliminar tudo o que é extraordinário em nossa sala de aula — não apenas uma vez ou outra, ou em momentos especiais, mas sempre. Ensinar atenção plena com foco na qualidade de vida na sala de aula, que deve ser estimulante, um apoio vital, nos leva a ter uma comunidade melhor dentro do ambiente de ensino. Aguça nossa consciência; somos mais capazes de responder uns aos outros e ao tema em discussão.

Em toda sala de aula há momentos em que professor e estudante estão "enfeitiçados", estão em outro lugar. É como se estivéssemos coletivamente em transe. Nesses dias, pergunto aos estudantes o que está havendo. Por que estamos aprisionados em tanto tédio? Como podemos usar esse momento para estar onde estamos e aprender com o aqui e o agora? Em um mundo utópico, poderíamos dispensar a turma em dias como esse, pois educar qualquer pessoa quando ela não está presente é impossível. Já que não podemos ir embora, tentamos trabalhar

257

com a realidade de que precisamos produzir as condições para o aprendizado. Trabalhamos com nossa ausência para nos tornarmos presentes.

Ouvi os ensinamentos de Thay [Thich Nhat Hanh] sobre budismo engajado e tenho aplicado muitas dessas ideias na pedagogia engajada. Quando praticamos a aprendizagem de tal modo que ela nos transcenda, a sala de aula é transformada. Thay descreve estar em contato como "estar consciente sobre o que está acontecendo no corpo, nos sentimentos, na mente". Esse estado evoca em nós a consciência do *interser*. Quando praticamos o *interser* na sala de aula, somos transformados não apenas pela presença de um indivíduo, mas por nossa presença coletiva. Experimentar o mundo do aprendizado que podemos construir juntos em comunidade é o momento extasiante que nos faz voltar de novo e de novo ao presente, ao agora, ao lugar onde somos reais.

ensinamento 15
questões espirituais em sala de aula

Fui treinada para manter todas as discussões sobre religião e espiritualidade fora da sala de aula. Quando fiz a longa jornada da Igreja Batista Virginia Street, onde a dimensão mística da fé cristã tocou minha alma pela primeira vez, para a Universidade Stanford, eu sabia que Stanford não era o lugar onde haveria qualquer debate sobre um espírito divino. Óbvio que os *Jesus freaks* [fanáticos por Jesus], como eram chamados os cristãos renascidos, espalhavam a palavra abertamente. Eles não tinham conhecimento do misticismo cristão. Foi o meu anseio de me tornar uma intelectual que me levou do Kentucky à Califórnia, a primeira da família a ir tão longe de casa para fazer faculdade. Meu pai e minha mãe, cristãos fundamentalistas, falavam da Califórnia como se fosse a Babilônia. Eles temiam que lá eu perdesse contato com o senso do sagrado; temiam que minha alma fosse tentada pelo diabo, tentada a se voltar contra Deus.

Quando deixei nosso familiar modo sulista de viver e de ser para frequentar uma faculdade na costa oeste, fui inicialmente imersa em um deserto espiritual tão intenso que me deu a sensação de que eu tinha sido estilhaçada e nunca mais me sentiria inteira de novo. Ao contrário do medo que meu pai e minha mãe nutriam pela Babilônia, esse deserto, esse tempo no deserto, me levou à religião em vez de me distanciar dela. Eu esperava encontrar, na intimidade com o espírito divino, uma fonte de clareza que me ancoraria enquanto eu abria a cabeça e o coração para acolher tantas ideias e hábitos novos em relação ao ser com que me deparava.

Com frequência, sentava-me em oração silenciosa na igreja de Stanford, aquele santuário lindo próximo ao departamento de inglês, em busca de consolo espiritual. Comungando lá, rezava para que minha fé se fortalecesse enquanto minha mente trabalhava para dar conta do desafio de estar naquele mundo intelectual de elite. Não demorei muito para me livrar do cristianismo rigoroso da minha criação, que exigia que eu encontrasse uma igreja de base e frequentasse regularmente os cultos e encontros de oração semanais. Em vez disso, mergulhei na poesia do misticismo islâmico, estudando o sufismo e depois seguindo os poetas da geração *beat* no budismo. Durante meus anos de graduação em Stanford, tive meu primeiro contato com a "meditação transcendental". Foi lá que conheci o poeta Gary Snyder e ouvi falar sobre as celebrações em sua propriedade, que incluíam budistas e todos aqueles que buscam o caminho. A primeira monja budista que conheci foi no santuário de Snyder, em uma montanha. Sentada em uma roda ao redor da fogueira, ouvi poesia e cantei músicas de louvor. Enquanto ouvia os cantos e os toques dos sinos, sentia meu espírito despertar. Para mim, parecia natural que uma pessoa negra, vivendo em nossa nação, que aos poucos se distanciava da exploração e da opressão baseada em raça, entendesse uma espiritualidade baseada na premissa de que "a vida é sofrimento".

Quando eu estava começando a me aprofundar nos estudos sobre os ensinamentos budistas, Martin Luther King Jr. foi tocado pelo ativismo da paz do então pouco conhecido monge budista Thich Nhat Hanh, com quem ele se encontrara por meio da Irmandade de Reconciliação. Conectados em solidariedade pelo compromisso mútuo com a não violência, juntos eles entenderam o poder transformador do sofrimento. Enquanto Thay ensinava que "seu sofrimento tem a capacidade de nos mostrar o caminho para a libertação", King ensinava sobre "o valor do sofrimento imerecido". Ao oferecer testemunhos pessoais, King proclamou: "Ao reconhecer a necessidade do sofrimento, tentei fazer dele virtude [...]. Vivi estes últimos anos com a convicção de que o sofrimento imerecido é redentor". Ao lidar tanto com o profundo senso de deslocamento quanto com a desconexão, me distanciei de colegas de sala e professores para encontrar consolo em espaços sagrados. Voltei-me para a religião a fim de me reconectar. Busquei uma base espiritual para sustentar minha alma.

No ensaio autobiográfico "Notes of a Barnard Dropout" [Notas de uma desistente de Barnard], June Jordan descreve seu anseio de fazer da faculdade o lugar que conectaria todos os seus fragmentos:

> Bem, nasci no Harlem e fui criada em Bedford-Stuyvesant. Então, quando eu tinha doze ou treze anos, me mandaram a uma escola preparatória para a universidade.[16] Em outras palavras, comecei minha vida em um universo completamente negro, e depois,

16. *Preparatory schools* são instituições que preparam estudantes para ingresso na universidade nos Estados Unidos. Ao contrário de um curso pré--vestibular, que prepara o aluno para uma prova, as *prep schools* oferecem cursos e atividades que cobrem os amplos requisitos exigidos para ingressar no ensino superior estadunidense. [N.T.]

durante os três anos da escola preparatória, eu me vi imersa em um universo branco. Quando vim para a Barnard, portanto, o que esperava encontrar era conexão. Eu esperava que a Universidade Barnard ou me proporcionasse essa conexão entre os mundos, aparentemente alheios, de pessoas brancas e de pessoas negras, ou me possibilitasse fazer, por mim mesma, essa conexão.

As esperanças de Jordan foram destruídas. "Nenhum dos cursos, nada do ensino que era oferecido lá, construiu essa conexão para mim ou facilitou a descoberta de uma conexão", escreveu. Ela desistiu de Barnard. Para muitos estudantes inteligentes de origens marcadas pela marginalização por raça, classe, geografia, orientação sexual ou alguma combinação disso, a faculdade continua a ser um lugar de desconexão. Ao longo da minha experiência universitária, tanto nos anos de graduação quanto nos de pós-graduação, a espiritualidade era o lugar em que as conexões aconteciam para mim. E, mesmo que não houvesse qualquer palestra sobre espiritualidade em Stanford, as portas abertas da igreja me ofereciam uma constante validação do lugar do sagrado na educação.

Religião e espiritualidade não são sinônimos. Ao clamar por uma revolução espiritual em *Uma ética para o novo milênio*, Dalai Lama faz distinções importantes entre religião e espiritualidade:

> Julgo que a religião esteja relacionada com a crença no direito à salvação pregada por qualquer tradição de fé, crença esta que tem como um de seus principais aspectos a aceitação de alguma forma de realidade metafísica ou sobrenatural, incluindo possivelmente uma ideia de paraíso ou nirvana. Associados a isso estão ensinamentos ou dogmas religiosos, rituais, orações, e assim por diante.

Considero que a espiritualidade esteja relacionada com aquelas qualidades do espírito humano — tais como amor e compaixão, paciência, tolerância, capacidade de perdoar, contentamento, noção de responsabilidade, noção de harmonia — que trazem felicidade tanto para a própria pessoa quanto para os outros. Ritual e oração, junto com as questões de nirvana e salvação, estão diretamente ligados à fé religiosa, mas essas qualidades interiores não precisam estar. Não existe, portanto, nenhuma razão pela qual um indivíduo não possa desenvolvê-las, até mesmo em alto grau, sem recorrer a qualquer sistema religioso ou metafísico. É por isso que às vezes digo que talvez se possa dispensar a religião. O que não se pode dispensar são essas qualidades espirituais básicas.

Essas distinções são úteis para professores que querem entender como trazer espiritualidade para o ensino e a aprendizagem sem trazer com ela a religião.

Na introdução de *The Heart of Learning: Spirituality in Education* [O cerne do aprendizado: espiritualidade na educação], o editor Steven Glazer compartilha a percepção de que muitas pessoas temem religião ou espiritualidade na educação porque "temem a imposição da identidade" e "a doutrinação de crenças específicas". Ele explica: "A partir desse medo de imposição, uma grande tragédia aconteceu [...] o abandono em larga escala do mundo interior. Esse medo nos fez ignorar, em sala de aula (e na vida), a existência da esfera interior, da esfera de formação do espírito, de identidade espiritual". Por ter vindo de um mundo negro segregado, no qual reivindicar identidade espiritual era um lugar de resistência crítica, um modo de se posicionar contra a desumanização racista, eu valorizava a vida espiritual.

265

Ao estudar e lecionar em escolas de elite, aprendi cedo que apenas o trabalho da mente importava, que qualquer cuidado com a alma, com o espírito, teria de acontecer num espaço privado, quase em segredo. No ensaio "The Grace of Great Things: Reclaiming the Sacred in Knowing, Teaching and Learning" [A graça das grandes coisas: recuperando o sagrado no saber, no ensino e na aprendizagem], Parker Palmer incentiva professores e professoras a transformar a educação para que ela honre as necessidades do espírito. Ao convocar professores a "enxergar uma forma transformada do ser no mundo", ele dá voz aos anseios espirituais: "Em meio às armadilhas típicas da educação — competição, combate intelectual, obsessão por uma variedade restrita de fatos, créditos e credenciais —, o que buscamos é um modo de trabalhar que seja iluminado pelo espírito e permeado pela alma". Assim como tantas crianças da classe trabalhadora vindas de famílias em que o pai e a mãe não tiveram formação universitária, minha visão sobre como seria essa experiência foi moldada por um entendimento antiquado sobre o intelectual como um ser em busca da união entre mente, corpo e espírito, uma união do intelectual como pessoa completa. Mesmo que raramente esse entendimento tenha sido afirmado em minha experiência acadêmica, continuei a trabalhar por essa visão de totalidade. As palavras de Palmer ressoaram dentro de mim. Ele explica que educação, ensino e aprendizagem são mais do que juntar informações ou arrumar um emprego:

> A educação está relacionada a cura e totalidade. Tem relação com empoderamento, libertação, transcendência e renovação da energia vital. Está relacionada a reivindicar o nosso Eu e o nosso lugar

no mundo. [...] Quero explorar o possível significado de reivindicar o sagrado no cerne do conhecimento, do ensino e da aprendizagem — resgatá-lo de um modo de saber essencialmente depressivo, que valoriza apenas dados, lógica, análises e uma desconexão sistemática entre o Eu e o mundo, o Eu e os outros.

Muitos estudantes chegam a escolas e faculdades já sentindo uma profunda desconexão. A escolarização que não honra as necessidades do espírito apenas intensifica a sensação de estar perdido, de ser incapaz de se conectar.

A educação convencional nos ensina que a desconexão é natural ao ser. Não é de surpreender, então, que tantos estudantes negros, estudantes de cor e crianças da classe trabalhadora de todas as raças ingressem em escolas, sobretudo faculdades, com uma experiência construída de interconexão que os coloca em dissonância com o mundo no qual entraram. Portanto, não é de estranhar que muitos desses estudantes apresentem baixo rendimento ou abandonem os estudos. Eles são profundamente ameaçados, em sua essência, pelo convite para integrar um modo de pensar no qual não há senso de sagrado e a conexão é desvalorizada. Glazer argumenta que podemos resolver essa questão da desconexão ao "estabelecer sacralidade como fundamento da aprendizagem". Cuidadosamente, ele explica:

> Não se compreende a sacralidade a partir das estruturas de uma religião específica, mas sim como algo que nasce de duas qualidades básicas de nossa experiência: consciência e totalidade. Consciência é uma qualidade natural e de expressão autônoma: é nossa habilidade de perceber, vivenciar e saber. [...] Totalidade é a qualidade inerente, irretocada e interdependente do mundo. A totalidade,

no entanto, pode ser cultivada dentro de nós ao vivenciarmos essa qualidade não dual do mundo. Por meio de experiências de consciência e totalidade, começamos a estabelecer a visão do sagrado.

Quando, como professores, criamos uma percepção sobre o sagrado simplesmente pela maneira como organizamos a sala de aula, pelo modo como ensinamos, afirmamos a nossos alunos e alunas que a desconexão não faz aumentar o brilhantismo acadêmico. Nós mostramos que um estudante que é completo pode atingir excelência acadêmica.

Muitos dos nossos estudantes vêm para as aulas acreditando que o real brilhantismo é revelado pelo desejo de se desconectar e se dissociar. Eles enxergam esse estado como crucial para a manutenção do objetivismo. Eles temem que a completude os leve a ser considerados menos "brilhantes". Ideias populares sobre o que é brilhantismo acadêmico continuam a perpetuar a noção de que o pensador crítico é insensível e sem coração. O pressuposto parece ser que, se o coração estiver fechado, a mente se abrirá ainda mais. Na verdade, é a falha em alcançar harmonia entre mente, corpo e espírito que ampliou o anti-intelectualismo em nossa cultura e fez das nossas escolas meras fábricas.

A educação que serve para potencializar a jornada de nossos estudantes à completude é um desafio para o *status quo* atual. Durante minha experiência educacional, tanto como estudante quanto nos meus primeiros anos como professora assistente, senti ser crucial não falar sobre espiritualidade na sala de aula para evitar impor aos estudantes minhas preocupações acerca do desenvolvimento espiritual. Nos meus anos de docente em Yale, repetidas vezes vi estudantes — os melhores e mais brilhantes — chegarem ao desespero. Eu os vi bebendo e se drogando, tentando suicídio e se engajando em todas as formas de mau comportamento. Muitos desses alunos e alunas eram pessoas de cor. Em sua maioria, vinham de um mundo de privilégio econômico e status. Ainda assim, como seus colegas não privilegiados, todos comprovavam que algo faltava, que havia um vazio dentro deles. Quando os estudantes me perguntavam como eu tinha sobrevivido àquilo, como havia me saído bem sem me despedaçar, eu me sentia compelida a fazer um relato honesto sobre o poder do apoio da espiritualidade em minha vida.

Honestamente, nomear a espiritualidade como uma força que potencializa minha capacidade de resistir me possibilitou estar no centro da cultura do dominador e, com coragem, oferecer alternativas. Compartilhei com meus estudantes a base da minha esperança. No ensaio "Educating for Mission, Meaning, and Compassion" [Educando para missão, sentido e compaixão], Rachel Naomi Remen fala sobre educadores como curandeiros que confiam na completude da vida e na completude das pessoas. Ela oferece este pensamento essencial: "Agora, como educadores, não podemos curar as sombras da nossa cultura educando pessoas para terem sucesso na sociedade como ela é. Devemos ter coragem de educar pessoas a fim de curarem este mundo para o que ele pode vir a ser". Essa é a visão da educação transformadora, da educação como prática da liberdade.

Nenhum de nós pensa que a educação deveria reforçar uma vida interior, mas, sim, que essa vida interior não deveria ser ignorada. Quando Steve Glazer abordou a questão acerca de como professores podem apoiar "a formação de uma identidade espiritual interior sem recorrer à doutrinação ou à imposição de alguma ideologia", ele propôs:

> A resposta é simplesmente fundamentar a educação na experiência. Quando examinamos mais de perto nossas percepções, emoções e crenças — nossa experiência —, a consciência e a percepção naturalmente emergem. Nós já somos munidos das capacidades de ver, reconhecer, sentir e saber. A identidade espiritual surge dentro de si e em si a partir da identificação com experiências, e não por meio da submissão a uma série de conceitos e crenças específicos.

Todas as disciplinas que promoviam uma abordagem mais holística do aprendizado, todas as disciplinas que atribuíam valor à experiência, sobretudo estudos negros, estudos de mulheres e estudos culturais, foram as que mais transformaram o ensino e a aprendizagem nas faculdades.

Não fosse por essas disciplinas, professores em outros programas e departamentos mais tradicionais talvez nunca tivessem tentado mudar seu jeito de ensinar de forma a não reforçar o patriarcado supremacista branco capitalista imperialista. Ao contrário da propaganda da grande mídia, que falsamente conduz o público a acreditar que a vida e o trabalho de homens brancos não são mais estudados ou são marginalizados, não houve qualquer intervenção que tenha tirado o homem branco e seu trabalho do centro da educação. No entanto, houve mudanças cruciais na maneira como as pessoas ensinam e no material usado para ensinar. O sucesso dessas mudanças, o sucesso das lutas para libertar a educação da prisão da cultura do dominador, para que a escolarização não seja apenas uma fábrica de produzir novos e melhores dominadores, teve uma incrível repercussão. Não haveria necessidade de atacar ações afirmativas se elas não tivessem sido altamente exitosas, apesar dos contratempos e das falhas. Em apenas alguns anos, políticas de ação afirmativa trouxeram para dentro da academia mais mulheres brancas (as primeiras beneficiadas) e mais pessoas de cor, principalmente oriundas da classe trabalhadora. Fizemos nossa voz ser ouvida. Fizemos nossa presença ser notada. E muita coisa mudou. Ainda assim, a luta para transformar a educação continua. Sobretudo, lutamos para encontrar uma nova linguagem de espírito. Em *The Outrageous Pursuit of Hope*, a teóloga Mary Grey explica que estamos buscando uma "linguagem de conexão que respeite a diferença e seja baseada em um universalismo renovado, mais modesto, sem reproduzir a velha linguagem dominante, hegemônica, que reprime a diferença forçando uma unidade onde ninguém poderia coexistir com justiça". Com razão, admitimos que essa nova linguagem deve incluir o reconhecimento da conexão entre a totalidade da alma e nossa habilidade de aprender.

Quando deixamos de olhar para tudo o que não aconteceu, podemos enxergar melhor as enormes mudanças que alguns indivíduos promoveram em um curto período — o movimento da escravidão para a liberdade, do sexismo para o feminismo, da discriminação para a abertura. Todos esses movimentos incríveis por justiça social tiveram êxito quando evocaram uma ética de amor arraigada no acolhimento do espírito. Para nutrir o espírito, é crucial que todos nos dediquemos ao que funciona, mesmo que entendamos a necessidade de continuar a resistir.

Muitas pessoas que trabalharam individualmente para criar comunidades diversas estão exaustas. Essa exaustão costuma emergir como crise espiritual. É essencial trazer para nossa visão de ensino um espaço onde o espírito importa, um lugar onde nosso espírito possa ser renovado, e nossa alma, revigorada. Devemos nos tornar tão articulados ao nomear nossas alegrias quanto somos ao nomear nosso sofrimento. Thich Nhat Hanh nos ensina: "Quando você já sofreu, você sabe apreciar os elementos do paraíso presentes no agora. Se você permanece apenas em seu sofrimento, deixa o paraíso escapar". Para mim, a sala de aula continua a ser um espaço onde o paraíso pode ser concretizado, um lugar de paixão e possibilidade, um lugar onde o espírito tem valor, onde tudo o que aprendemos e tudo o que sabemos nos leva a uma conexão ainda maior, a uma compreensão maior da vida em comunidade.

ensinamento 16
sabedoria prática

Quando ingressei no meio acadêmico, pensando em mim antes de tudo como artista (poeta, pintora, escritora), investi na carreira em educação como hobby. Meu desejo era criar arte. Essa foi uma decisão que tomei na infância, e busquei os caminhos que nutririam e sustentariam esse chamado. A faculdade era o lugar que me daria tempo para estudar, ler, pensar e aprender, e a frequentei na esperança de que me possibilitasse ser uma artista pensadora. Meu aprendizado em relação à arte foi diretamente relacionado à minha experiência com o poder da imaginação. Quando eu era uma jovem em um lar negro sulista da classe trabalhadora, a imaginação foi o combustível para minha esperança de criar uma vida artística. O poder da imaginação parecia profético. Em *The Outrageous Pursuit of Hope*, Mary Grey explica que "a imaginação profética é ultrajante; ela não apenas sonha o sonho, mas já o vive antes que ele aconteça e o incorpora em ação concreta". Indivíduos de grupos marginalizados, sejam eles vitimados por famílias disfuncionais ou por sistemas políticos de dominação, frequentemente encontram seu caminho para a liberdade atendendo ao chamado de imaginações proféticas.

Por sonhar com isso, passei a acreditar que poderia sair do mundo da segregação racial, de uma família patriarcal disfuncional, e encontrar meu Eu artístico. Imaginei que no mundo acadêmico eu encontraria respaldo para a busca da minha alma por liberdade e independência de mente e espírito. Durante meus anos de graduação, fui mudando minha orientação. Não interrompi as buscas artísticas, mas descobri que trabalhar com ideias era puro êxtase para mim: acolhi o chamado de me tornar uma intelectual. Essa escolha se encaixou com perfeição à carreira de ensino. Os anos intelectualmente fervilhantes de pós-graduação me ensinaram outra coisa. Aprendi que ser acadêmica era diferente de ser intelectual. Aprendi que a maioria dos acadêmicos não era intelectual e, no fundo, desdenhava da vida intelectual. No mundo acadêmico (assim como fora dele), intelectuais eram tidos como nerds, geeks e monstros antissociais, incapazes de se comunicar com os outros, a apenas um debate perdido de se tornarem sociopatas. O intelectual era descrito como um indivíduo frio, insensível e impossibilitado de viver em comunidade. E, o mais significativo: intelectuais eram homens patriarcais.

Essas imagens, embora fossem perturbadoras e desanimadoras, não me dissuadiram da escolha de um caminho intelectual, da busca apaixonada por ideias. Constantemente eu me sentia frustrada ao extremo, trabalhando como acadêmica dentro das estruturas institucionais criadas para controlar ideias, reprimir imaginações e doutrinar a mente. Com muita frequência, as demandas da academia conflitavam com a vida intelectual. Quando eu estava mudando minha vida para me comprometer totalmente com o trabalho com ideias, fui reconhecida nacionalmente como uma das intelectuais negras dignas de nota. De súbito, recebi o rótulo de "intelectual pública". Assim como o termo "intelectual negra", esse título não foi algo que eu sentia necessidade de recusar, mesmo que nenhum deles definisse a noção que eu tinha do meu Eu e da minha vocação. Ninguém parecia achar necessário definir o que é um intelectual público, mas o que parecia estar implícito era o fato de intelectuais públicos, diferentemente de "intelectuais", não serem geeks, nerds, antissociais nem potenciais sociopatas, porque eram capazes de aparecer em público e de se comunicar com audiências.

Na verdade, quando intelectuais negras de esquerda começaram a ganhar reconhecimento, fomos rotuladas de "intelectuais públicas" e agrupadas com acadêmicos conservadores que jamais haviam se identificado como intelectuais. Como a maioria dos rótulos, o termo "intelectual público" na verdade tinha o objetivo de diminuir o valor e a importância do trabalho intelectual feito por aquela pessoa rara, uma intelectual afro-estadunidense. Em *Propaganda ideológica e controle do juízo público*, Noam Chomsky oferece uma das definições mais úteis de intelectual público, quando explica que eles "são as pessoas, dentro de um determinado espectro convencional, às quais é permitido apresentar ideias e defender valores". Os valores que representam geralmente refletem o *status quo*. Com certeza, o trabalho que faço não pode ser abarcado por essa definição.

Chomsky define como "intelectuais dissidentes" aqueles que são "defensores da liberdade". Eles são críticos do *status quo* e se atrevem a se expressar em nome da justiça. Quando comecei a escrever, eu falava de mim mesma como voz dissidente. Essa descrição ainda me parece a mais precisa. Ironicamente, ter sido de modo equivocado rotulada como intelectual pública me abriu algumas portas — que logo se fecham depois que eu entro. Mas tenho conseguido trazer um espírito de dissidência a lugares onde o pensamento e a ação radicais são recusados ou até mesmo desprezados. Ao contrário dos intelectuais dissidentes que Chomsky descreve como "eliminados do sistema porque seu trabalho era demasiado honesto", durante um período fui capaz de aproveitar o culto à personalidade e à fama que levou algumas instituições a me bajular. Na verdade, nunca pude escolher meus empregos. E isso me parece adequado. Minha relação de trabalho marginal com a academia tem sido possível, em parte, devido ao sexismo; mulheres pensadoras, não importa quão radicais sejam, não são vistas como ameaça, pois não somos levadas a sério. Raramente temos quem nos apoie. Todos os anos sou convidada a dar palestras em faculdades e universidades por todo o país. Em geral, estudantes radicais são os grupos que lideram esses convites. A habilidade que eles têm de construir um espaço para ouvir vozes dissidentes é um foco de esperança e possibilidade.

A decisão de deixar meu cargo com estabilidade foi, em parte, resposta ao constante assédio que eu sofria, aos abusos psicológicos que, em geral, são impossíveis de registrar. Fiquei no mundo acadêmico como professora efetiva mais tempo do que gostaria, e um dos motivos para isso foi servir como inspiração para meus estudantes, dizendo que era possível ter êxito sem se conformar. Colegas como o camarada Ron Scapp insistiram que eu reconsiderasse a ideia de cortar os laços com a academia; eles perceberam que ninguém me ofereceria trabalho fácil em lugares fáceis e que isso demonstrava o tratamento dispensado a pensadores dissidentes.

Em resposta a esse feedback e aos diálogos críticos com Shannon Winnubst, a filósofa e teórica feminista que me convidou para falar na Universidade Southwestern, aceitei a função (que ela, junto a colegas solidárias, ajudou a criar) de ir até lá e dar aulas informais. Uso a palavra "informal" porque eram aulas abertas a qualquer pessoa e não se atribuía nota. Quando Shannon me perguntou quais eram as circunstâncias que me convenceriam a lecionar, eu disse a ela que gostaria de ensinar em uma classe aberta a qualquer pessoa (incluindo funcionários e corpo docente); que gostaria de lecionar para professores interessados em questões de raça, gênero, classe e religião; e que dialogaria com estudantes. Levar-me ao campus era parte de um esforço generalizado para criar diversidade. Dado meu elevado status de "intelectual pública", fui uma presença útil para quem queria sustentar a imagem de que a faculdade estava se tornando mais diversa. Professores e estudantes que de fato tinham lido alguma coisa da minha obra ficaram surpresos com minha ida para uma cidade predominantemente branca no Texas. Alguns coordenadores (incluindo o reitor da faculdade) ficaram satisfeitos e me acolheram na comunidade. Mesmo que essa satisfação começasse a diminuir quando minhas intervenções e minha presença dissidentes expressavam uma paixão por justiça e verdade, minha voz foi ouvida.

Não fui para a Southwestern pelo fato de terem me oferecido muito dinheiro. Eu poderia ter ganhado a mesma quantia com apenas quatro palestras. Foi, acima de tudo, uma resposta ao diálogo intelectual entre mim e Shannon. Uma mulher branca, lésbica, professora de filosofia apaixonada pelo ensino e pela justiça, ela foi a força "sedutora" me dizendo: "Venha para este campus, muitos de nós adoramos seu trabalho, precisamos de você". Depois da minha primeira aula na Southwestern, fiquei tocada por perceber ser a intenção do mercado de empregos acadêmicos que muitos pensadores progressistas acabem lecionando em cidades pequenas, em faculdades que eles não teriam sonhado em frequentar nem como estudantes, muito menos como professores, se houvesse uma oferta ampla de empregos. Quando pensei estar vivendo uma nova experiência de "deserto", com minha carreira acadêmica me obrigando a viver em lugares que não eram minha escolha de coração, eu me identifiquei com os indivíduos que acabaram vindo para esse campus metodista devido às circunstâncias e ao destino. Ressalto o papel de Shannon em me trazer para o campus para ilustrar o poder de ação e presença de uma única pessoa.

Quando a entrevistei para este ensaio, perguntei por que ela sentiu que seria importante me trazer para o campus. Shannon respondeu: "Os estudantes daqui exploram muito a sua escrita. Trazer você para cá significava trazer um presente enorme, grandioso para eles". Ela acrescentou: "Todo o corpo docente lê seu trabalho; foi um ponto de conexão entre as disciplinas. Você também atraiu pessoas da comunidade, diminuindo a distância entre cidade e universidade". Compartilhei do entusiasmo de Shannon de trazer ao campus uma pensadora que por vias tradicionais não acabaria trabalhando em uma cidade pequena e predominantemente branca no Texas. Por ter assumido o compromisso, nos últimos dez anos, de ensinar em circunstâncias "improváveis", de nem sempre viajar para lugares em que sou recebida por almas que pensam como eu, eu queria conversar com pessoas que não compartilhassem de minhas ideias. Eu queria trabalhar e estabelecer parcerias com as poucas pessoas negras de lá, as pessoas de cor que, muitas vezes, são isoladas e assediadas por serem presença minoritária. Ainda que houvesse muitos estudantes ansiosos para falar comigo na Southwestern, a maior parte do corpo discente de lá nunca tinha ouvido falar de mim nem tinha lido bell hooks. Isso também vale para o corpo docente.

Shannon disse:

> Eu vejo quem são esses homens brancos e pessoas brancas de classe alta e não tenho mais paciência. Simplesmente estou frustrada. Eles não vão acordar. Estão apenas chafurdando na branquitude, a branquitude da supremacia branca, e simplesmente não enxergam isso. Quando há pessoas que falam sobre diversidade, mas não estão dispostas a fazer algo sobre isso, nada muda.

Mesmo encarando a frustração, ela continua a trabalhar por mudança, porque, em suas palavras: "O que mais há para fazer?". Nós duas entendemos que mudança é processo. No ensaio "White Privilege: Unpacking the Invisible Knapsack" [Privilégio branco: desfazendo a mochila invisível], Peggy McIntosh ressalta:

> Desaprovar os sistemas não será suficiente para mudá-los. Ensinaram-me que o racismo poderia acabar se as pessoas brancas mudassem suas atitudes. Mas uma pele "branca" nos Estados Unidos abre muitas portas para as pessoas, independentemente de aprovarmos ou não o modo como nos concederam o domínio.

Robert Jensen simplifica a questão no artigo "White Privilege Shapes the U.S." [O privilégio branco molda os EUA], ao afirmar inequivocamente: "Em uma cultura supremacista branca, todas as pessoas brancas têm privilégio, sejam elas abertamente racistas ou não". Com honestidade e clareza, ele explica:

Tenho me esforçado muito para resistir a esse treinamento racista e ao racismo da minha cultura. Gosto de pensar que mudei, mesmo que rotineiramente eu tropece nos efeitos persistentes do racismo internalizado e do racismo institucional ao meu redor. Mas, não importa quanto eu me "conserte", uma coisa nunca muda: transito pelo mundo com privilégio branco. O que isso significa? Talvez o mais importante: quando quero ser selecionado para entrar em uma universidade, quando me inscrevo no processo de seleção para um emprego ou procuro um apartamento, não represento ameaça. Quase todas as pessoas brancas que me avaliam para essas coisas se parecem comigo, elas são brancas. Veem em mim um reflexo delas, o que, em um mundo racista, é uma vantagem. Eu sorrio. Sou branco. Sou um deles. Não sou perigoso. Mesmo quando expresso opiniões críticas, pegam leve comigo. Afinal de contas, sou branco.

É esse entendimento sobre o privilégio branco e seu poder que forma a consciência das pessoas brancas que trabalham para acabar com a supremacia branca e com o racismo contra pessoas negras.

Shannon, assim como outras pessoas brancas antirracistas, comprometeu-se durante a infância a trabalhar para acabar com a dominação. Ela cresceu no Texas com uma consciência aguda sobre o racismo; ele estava lá, na família dela. Confrontar sua sexualidade durante o ensino médio também criou nela maior consciência sobre opressão de grupo: "Quase no final da faculdade, precisei lidar com a sexualidade, e isso me trouxe verdadeiras surpresas — lidar com todo o auto-ódio —, saber como era ser odiada por ser diferente". Agora, ela pode afirmar: "Ser lésbica era difícil, mas fácil, pois eu ainda era branca. É difícil ser mulher, difícil ser lésbica, mas fácil ser branca". Quando perguntei a Shannon o que a inspirava para superar o medo da diferença, que paralisa muitas pessoas brancas, ela disse: "Quando sinto medo dentro de mim, fico determinada a me livrar dele". Mas, como Jensen, ela entende que ser antirracista não significa não ser bem-vinda às regalias do privilégio branco. A branquitude compartilhada pode conciliar, e com frequência o faz, todos os demais pontos de separação em um ambiente em que a supremacia branca ainda é o ponto fundamental de conexão.

Mesmo que Shannon se sentisse dividida sobre lecionar em uma faculdade metodista, ela sabia que "o cristianismo branco foi parte importante da minha criação, e ele me ajuda a entender de onde os estudantes vêm". Apesar de Shannon compartilhar muitos pontos de conexão, ela não é seguidora de uma religião ou de uma prática espiritual. Quando discordamos mais veementemente, é quase sempre sobre esse assunto. Conforme trabalhamos para definir o que nos permite criar laços de solidariedade e comunidade, em vez de focar nossas diferenças de raça, orientação sexual e religião, enxergamos um espírito de abertura radical, aquele desejo de nos engajarmos no que Thich Nhat Hanh chama de "diálogo verdadeiro", em que "ambos os lados estão dispostos a mudar". Para mim, a vontade de mudar e de ser mudada, de estar sempre aberta, é um princípio definidor da vida intelectual. É um modo de abordar ideias que conflita com a estratégia prevalente na academia, na qual uma pessoa encontra uma posição, a defende e se agarra a ela. A principal esperança de Shannon era que minha presença, meu ensino, criasse espaço para um diálogo profundo — ou, como ela disse, "entrar nos assuntos difíceis". Nós duas sentimos que esse objetivo foi atingido.

O decano Jim Hunt acreditava, e continua acreditando, que a contribuição mais importante que dei ao campus, e que terá consequências no futuro, é encorajar os estudantes e o corpo docente a pensar fora da caixa. Atestando o sucesso desse experimento educacional, Jim afirmou:

> Ter você aqui, com seus talentos singulares para o ensino, para o diálogo, foi vital para nós. Os professores aqui querem ajudar os estudantes a desafiar seus pressupostos, desconstruí-los e então reconstruí-los de um modo diferente. É isso que você fez para nós como comunidade. Ensinar é isso, não se trata apenas de fornecer informação, mas de nos envolver e de nos transformar de dentro para fora.

Como Jim, ainda estou maravilhada com todas as intervenções que aconteceram em decorrência desse esforço comunitário de compartilhar conhecimento. Foi mais empolgante para mim ensinar em meio às diferenças, trabalhando tanto na sala de aula quanto com a equipe, individualmente. Todos os debates que tive com pessoas de cor, equipe administrativa e corpo docente aumentaram nosso entendimento de como podemos vivenciar um senso de comunidade em espaços acadêmicos onde o racismo e a supremacia branca costumam permear as interações.

Trabalhar com a equipe da biblioteca, que me acolheu e abriu espaço para que meu trabalho estivesse disponível aos estudantes, foi uma das experiências mais positivas. Bibliotecários raramente chegam a conhecer os intelectuais que vêm ao campus. O tempo que passei na biblioteca, conectando bibliotecários que trabalhavam duro para construir um acervo que refletisse a diversidade editorial da nossa nação, foi uma grande intervenção, inspiradora para todos nós. Com as experiências positivas que tive ali, foi difícil negar quando me pediram para contribuir, mesmo que fosse de maneiras que pareciam não ser as melhores para aproveitar minhas habilidades e meu tempo.

Quando o reitor Jake Schrum e o decano Jim Hunt pediram que eu fizesse o discurso de formatura, aceitei, mesmo que minha primeira reação tenha sido resistir — afinal não sou uma oradora motivacional, e é isso que as pessoas querem em uma formatura. Mas fui convencida por esses dois homens brancos de que formaturas poderiam ser também uma ocasião para gerar pensamento crítico. Jim Hunt se lembra: "Você disse que não, e eu te convenci a fazer, porque penso que qualquer pessoa que faz um discurso falará sobre o que acredita. Talvez você tenha intuído que aquilo no que acredita e o que diria pudesse ser algo difícil de ouvir". Jim me desafiou, assim como desafiou minha preocupação de que nem sempre falamos para pessoas ou conversamos com pessoas que pensam como nós. Finalmente, eu estava seduzida pela ideia de falar para grupos de pessoas com as quais normalmente não conversaria. Para mim, o discurso que preparei não era muito militante nem radical de maneira agressiva. Antes do evento, avisei meus anfitriões de que eu falaria sobre morte. Pedi a Shannon que me apresentasse, assim garanti que não seria a única mulher falando ou a única voz radical a ser ouvida.

No dia da formatura, bateu forte em mim o fato de que eu estava prestes a falar para milhares de pessoas brancas, muitas das quais eram racistas. Senti medo. Quando terminei meu discurso, muitas daquelas pessoas brancas expressaram desaprovação e desprezo com vaias. Depois, expressaram revolta ao criticarem a universidade por ter me permitido falar. Enquanto

Jim Hunt se manteve solidário comigo ao longo da situação, sempre reconhecendo que desde o começo eu havia questionado se era a oradora certa para o evento, outras pessoas da administração e colegas se distanciaram de mim. Fui acusada de ter feito afirmações que simplesmente não fiz. Jim Hunt entendeu, já que ele teve de lidar com grande parte da repercussão. Ele ainda acredita que o fato de eu ter sido apresentada como "pensadora feminista" fechou a mente de muitas pessoas antes mesmo de eu falar. Fui aceita quando assumiram que eu era uma intelectual pública, alguém que, como Chomsky sugere, "apresentaria os valores, princípios e entendimentos" do *status quo*. Mas essa aceitação cessou quando expressei ideias dissidentes, embora com leveza. Em nossas reflexões críticas sobre essa experiência, tanto Jim Hunt quanto eu concordamos que, quando dou palestras, em geral há tempo para diálogo. Nós dois acreditamos que as pessoas precisam de oportunidade para elaborar novos paradigmas, novos modos de pensar. Dialogar com o público sobre os temas raça, classe e gênero, assim como outros tópicos, é algo que faço excepcionalmente bem. Aprendi, com essa experiência, que prefiro não palestrar em situações em que desafio modos de pensar fixos, sem tempo para diálogo.

Para muitos observadores, essa experiência foi vista como um fracasso dos esforços por diversidade e inclusão. Eu a enxerguei como um triunfo, antes de tudo, da liberdade de expressão, o que qualquer faculdade deve apoiar para ser honesta com sua missão. A Southwestern afirma que seu objetivo central é se engajar no "fomento de uma comunidade de artes cujos valores e ações incentivem contribuições favoráveis ao bem-estar humano". Seus valores e objetivos essenciais são "promover aprendizado vitalício e uma paixão por crescimento pessoal e intelectual, fomentando perspectivas diversas, sendo verdadeiro consigo e com os outros, respeitando o trabalho e a dignidade das pessoas, incentivando o ativismo na busca por justiça e pelo bem comum". Esses objetivos são interdependentes e não podem ser atingidos se qualquer parte do todo ficar desamparada. Já fiz outros discursos de formatura, mas nunca em uma escola conservadora. Considero minha presença como a oradora da formatura naquela instituição conservadora uma vitória para a liberdade de expressão numa época em que muita gente em nossa nação está tentando silenciar pessoas, traindo o cerne da democracia.

Além disso, fui empoderada por um mundo de "privilégio do homem branco" a falar para um público de pessoas brancas que provavelmente nunca tinham ouvido uma mulher negra dar uma palestra sobre qualquer assunto, muito menos uma intelectual negra feminista dissidente de esquerda. Eu não estava falando para convertidos. Esse ato de falar, transcendendo as barreiras da diferença, é intervenção radical. Mesmo que esse mundo da masculinidade branca conservadora e liberal talvez tenha me escolhido porque realmente não entendeu de onde eu vinha e esperava me usar como símbolo de diversidade, ainda assim essa intenção equivocada criou espaço para uma intervenção crítica e uma possível transformação. A repercussão provocou muitos diálogos e debates. Como um estudante branco comentou: "Quantas pessoas se lembram do orador de sua formatura, quem falou e sobre o que falou? Essa formatura, esse discurso, jamais esqueceremos". Ele não era um estudante radical que participou de minhas aulas. Ele não tinha lido meus livros. Ainda assim, ele se sentiu tocado por minhas palavras, estimulado a pensar criticamente, a não concordar passivamente, mas a pensar e questionar. Isso é o que a educação como prática da liberdade possibilita. Ela abre a mente. Assim como falei naquele meu discurso de formatura sobre a importância de não se conformar, mas de se atrever a ter coragem de se agarrar à mente aberta, ao pensamento crítico, minha esperança era personificar essa coragem, essa abertura radical, em minha presença. Essa expectativa foi plenamente realizada. Jim Hunt me disse: "Não há uma semana que passe sem eu pensar sobre algumas das ideias que foram levantadas ali".

Ao longo da minha carreira de ensino, compartilhei com estudantes minha crença no poder da imaginação profética, dizendo a eles repetidas vezes que "o que não podemos imaginar não podemos tornar realidade". Mary Grey ecoa esse sentimento quando nos lembra que, ao sonharmos com o futuro, com criar comunidades de amor onde não haja dominação, "o que precisa ser ganha prioridade sobre o que é". Para explicar, ela afirma:

> O importante é que a imaginação profética, como a imaginação poética, não está confinada a algum devaneio privado, mas é uma imaginação completamente pública, pertencente ao domínio público, que inspira toda a variedade de comunidades pertencentes a ele a se comprometer com visões mais plenas de bem-estar [...]. A imaginação profética, ou o sonho profético, ao manter visões vivas, é o que estimula grupos diversos a se tornar uma cultura de vida, biofilia, uma cultura de amor à vida.

De todo o time da Southwestern, Shannon e todos os docentes, estudantes e equipe administrativa radicalmente abertos, eu gostaria de destacar o pessoal da cantina, que sempre me acolheu em uma comunidade de apoio cuidadosa enquanto lia os livros da bell hooks e compartilhava o que pensava. Esse foi e é um experimento de ensino que funcionou. O experimento não ocorreu sem riscos ou frustrações. Para aqueles comprometidos a fazer a coisa funcionar, a experiência nos aproximou em uma comunidade verdadeira. Em *The Different Drum: Community Making and Peace* [A batida diferente: construindo comunidade e paz], M. Scott Peck define a verdadeira comunidade como a criação de

> um grupo de indivíduos que aprenderam a se comunicar honestamente uns com os outros, cujos relacionamentos vão mais a fundo do que suas máscaras de compostura, e que desenvolveram algum compromisso significativo de "se alegrar juntos, sofrer juntos", "sentir satisfação um com o outro" e fazer da condição do outro a nossa.

Sem dúvida, compartilhar risadas é necessário quando nos atrevemos a entrar em diálogos acerca da diferença que, muitas vezes, evocam memórias de feridas ou dores presentes.

Shannon e eu concordamos que nossos laços se fortaleceram pelo temperamento compartilhado, pelo humor implacável e pela risada que dá uma pausa na seriedade. Mesmo sempre ouvindo falar que o "politicamente correto" deixou todo mundo tenso, essa não é minha experiência. Talvez seja o meu estilo muito próprio, despretensioso e peculiar do sul que rompa essa rigidez, mas de uma coisa eu sei: precisamos rir juntos para construir paz, criar e sustentar a comunidade. Em seu livro de memórias, *Hunting for Hope*, Scott Russell Sanders pergunta quais valores precisam ser ensinados em "preparação para a vida em comunidade". Compartilho com ele dos valores que identifica como "os hábitos essenciais do coração e da mente para criar e manter a comunidade". São eles:

> Generosidade, fidelidade, misericórdia, imaginação empática, uma preocupação profunda e permanente com os outros, prazer pela companhia da natureza e do ser humano e por todas as formas de beleza, paixão por justiça, noção de limite e senso de humor, gosto pelo trabalho habilidoso, disposição para negociar as diferenças, prontidão para cooperação e afeto.

Comunidades assim constantemente renovam e restabelecem nossa esperança.

Em essência, os dedicados estudantes da Southwestern, tanto professores quanto graduandos, todos aprenderam sobre a alegria do esforço, sobre as conexões entre teoria e prática. Aprendemos que o deslocamento da fala para a ação é sempre uma jornada perigosa. No entanto, como todas as grandes aventuras, transforma-nos positivamente. Tornamo-nos quem somos com mais totalidade ao fim da jornada — nos tornamos inteiros. Parker Palmer fala sobre mover-se sob o medo conforme conhecemos novas ideias, novos modos de enxergar o mundo, à medida que confrontamos as diferenças sem a necessidade de aniquilá-las, confessando:

> Sou medroso. Tenho medo. Mas não preciso ser o meu medo quando falo com você. Posso me aproximar de você a partir de um espaço diferente em mim, um espaço de esperança, um espaço de companheirismo, de viajarmos juntos em um mistério que, eu sei, compartilhamos.

A cultura do dominador tentou alimentar o medo dentro de nós, tentou nos fazer escolher a segurança em vez do risco, a semelhança em vez da diversidade. Deslocar-se nesse medo, descobrir o que nos conecta, nos divertir com nossas diferenças; esse é o processo que nos aproxima, que nos oferece um mundo de valores compartilhados, de uma comunidade significativa.

Berea College/Archives

bell hooks nasceu em 1952 em Hopkinsville, então uma pequena cidade segregada do Kentucky, no sul dos Estados Unidos, e morreu em 2021, em Berea, também no Kentucky, aos 69 anos, depois de uma prolífica carreira como professora, escritora e intelectual pública. Batizada como Gloria Jean Watkins, adotou o pseudônimo pelo qual ficou conhecida em homenagem à bisavó, Bell Blair Hooks, "uma mulher de língua afiada, que falava o que vinha à cabeça, que não tinha medo de erguer a voz". Como estudante, passou pelas universidades Stanford, de Wisconsin e da Califórnia, e lecionou nas universidades Yale, do Sul da Califórnia, no Oberlin College e na New School, entre outras. Em 2014, fundou o bell hooks Institute. É autora de mais de trinta obras sobre questões de raça, gênero e classe, educação, crítica cultural e amor, além de poesia e livros infantis, das quais a Elefante já publicou *Olhares negros*, *Erguer a voz* e *Anseios*, em 2019; *Ensinando pensamento crítico*, em 2020; *Tudo sobre o amor* em 2021; e *A gente é da hora*, *Escrever além da raça* e *Pertencimento*, em 2022.

© Editora Elefante, 2021

Primeira edição, novembro de 2021
Terceira reimpressão, maio de 2023
São Paulo, Brasil

Título original:
Teaching Community: A Pedagogy of Hope, bell hooks
© All rights reserved, 2003
Authorized translation from the English language edition published
by Routledge, a member of the Taylor & Francis Group LLC.

Dados Internacionais de Catalogação na Publicação (CIP)
Angélica Ilacqua CRB-8/7057

---

hooks, bell, 1952-2021
Ensinando comunidade: uma pedagogia da esperança / bell
    hooks; tradução Kenia Cardoso. São Paulo: Elefante, 2021.
    296 p.

ISBN 978-65-87235-41-7
Título original: Teaching Community

1. Pedagogia crítica 2. Comunidades 3. Discriminação na
educação 4. Racismo 5. Ensino - Aspectos sociais
I. Título II. Cardoso, Kenia

21-2984   CDD 370.115

Índices para catálogo sistemático:
1. Pedagogia crítica

---

elefante

editoraelefante.com.br
contato@editoraelefante.com.br
fb.com/editoraelefante
@editoraelefante

Aline Tieme [vendas]
Katlen Rodrigues [mídia]
Leandro Melito [redes]
Samanta Marinho [financeiro]

fontes H.H. Samuel e Calluna
papéis Cartão 250 g/m² & Lux Cream 70 g/m²
impressão BMF Gráfica